老子正义

LAOZI ZHENGYI

羽山倮芝 著

四川出版集团
巴蜀书社

图书在版编目（CIP）数据

老子正义 / 羽山倮芝著. —成都：巴蜀书社，2011.3
ISBN 978-7-80752-772-5

Ⅰ.①老… Ⅱ.①羽… Ⅲ.①道家 ②老子—研究
Ⅳ.①B223.15

中国版本图书馆 CIP 数据核字（2011）第 030302 号

老子正义 羽山倮芝 著

责任编辑 陈 礼
封面设计 张 科
出 版 四川出版集团巴蜀书社
成都市槐树街 2 号 邮编 610031
总编室电话：(028) 86259397
网 址 www.bsbook.com
发 行 巴蜀书社
发行科电话：(028) 86259422 86259423
经 销 新华书店
印 刷 成都蜀通印务有限责任公司
版 次 2011 年 3 月第 1 版
印 次 2011 年 3 月第 1 次印刷
成品尺寸 230mm×170mm
印 张 11
字 数 120 千
书 号 ISBN 978-7-80752-772-5
定 价 20.00 元

序

所言之事：一者，上古文字，一字一物；二者，格之以六典九则；三者，双关文体，故布疑阵，以别贵贱亲疏。老子实乃儒家，知之者，可与旧文化史观别。

本疏因缘所致，前廿九章及第八十一章皆直译，后感不妥，故改罗列（罗列之目的，乃是开出条件、公式、临门一脚，让与读者。此之所谓“授人以渔”者也），以备读者诸君有所考。虚实之间，殊留玩味余地矣，特此说明。

本疏以四部丛刊景印本为范而注。

目　录

体道第一

道可道，非常道。名可名，非常名。无名，天地之始，有名，万物之母。故常无欲，以观其妙。常有欲，以观其徼。此两者，同出而异名。同谓之玄。玄之又玄，众妙之门。

正义 无称上，有称下；上者曲养，下者豆实；封洫而一，称体。

圣人于无处观妙，于有处观徼，六气皆现，无有不通者。上下同出而化于道，所异名者，方向之异也，观临之象异也。

实象之化谓之玄，无象之化谓之又玄。玄生一，又玄得中生六合，是故万物归于一母，而天地始于中元。守常可近道辨名，得入无欲之门。上者徼知，下者徼福，皆有功焉。

圣人之生也，天行，其死也物化。

养身第二

天下皆知美之为美，斯恶已；皆知善之为善，斯不善已。故有无相生，难易相成，长短相形，高下相倾，音声相和，前后相随。是以圣人处无为之事，行不言之教。万物作焉而不辞。生而不有，为而不恃，功成而弗居。夫惟弗居，是以不去。

正义 死而不亡曰寿。

古之圣者，遐不作人。作已封树，天保南山之寿。存身养命而荫庇万民，休养生息，美善之至焉。

弃无从有，为人而恶已，用荡析离，居罔有定极，其无人兮？皮之不存毛将焉附？无为之事，其事非实而虚；不言之教，其教非言辞可达，惟诗耳。温柔敦厚，不恃功成者，诗教也。

故圣人去淫不去则，弗居养身，作之为之，不已于行。

物之不齐，则道有荡，惟养身待命耳。

安民第三

不尚贤，使民不争；不贵难得之货，使民不为盗；不见可欲，使心不乱。是以圣人治，虚其心，实其腹，弱其志，强其骨。常使民无知无欲，使夫智者不敢为也。为无为，则无不治。

正义　民从于治，故称安。下德固守不失，尚贤贵货，民欲起而盗乱生。圣人治虚，处待纳。处实满腹，弱一强几，顺天从命于养教，无知不为，无欲观妙，累洽有功，去造次取造化，其福不徼自至。无为者，言实；为无为者，乃有为于虚，其形而上者，治世之本欤。

此治，乃言天下大治，大治乃安。其治于国，封疆之内，虚实之度，以待时变。于争，志一能持者胜，心乱而大伦失，乱民之不可安也，其命穷困，出则不便也。

格局大而向善者得治。

无源第四

道冲而用之，或不盈。渊乎似万物之宗。挫其锐，解其纷，和其光，同其尘，湛兮似若存。吾不知谁之子，象帝之先。

正义 高下相倾谓之冲，大盈之象，其用不穷，变化万千。虚而不盈，渊乎九重如不及者。其明若光，其晦若尘，其阳锐而不挫，其阴纷而不解。风之不靡，雨之不溶，湛湛兮混成，先天地生。此物无源，自成一宗，曝露于天。知者春比朝之，始得其用。随穷理尽性而终生意外，妙趣无穷。达于河者，为无为，其后必有达人。

光者，道之所长者也。取长补短，视若己出，奋几封洫。有容若此，谁子无名？

故道有宗而用无尽。

虚用第五

天地不仁，以万物为刍狗；圣人不仁，以百姓为刍狗。天地之间，其犹橐籥乎？虚而不屈，动而愈出。多言数穷，不如守中。

正义　鼓橐吹埵，以销铜铁。虚而鼓纳，动而吹出，不屈竭于道，动而其法愈出。天降道，地出法，而刍狗从。出纳自然，四时行焉，百物生焉。是以多言数穷几乱，废道存伪；言简，其必有中。无源，道之阳服；虚用，道之阴从。

上仁无以为。百姓知，能为万物；百氏不知，心不乱。静而守中，不出生法而入死之不亡。是故不仁者，乃言不與善智惠者也。简言近几，法二而道一，必也临事而惧，好谋而成者，能知。用之则行，舍之则藏。

刍狗者，荐之则灵，得其所用于虚。及其实行者，践其首脊；苏者，取而爨之而已。

不好为人师，立人达人，授人以渔，从道不从君，从义不从父，九则渐进。

成象第六

谷神不死，是谓玄牝。玄牝之门，是谓天地根。绵绵若存，用之不勤。

正义 《书》曰：岁月日时无易，百谷用成；日月岁时既易，百谷用不成。月之从星，则以风雨。谷饮谷汲者，食谷水乎?

《易》曰：阴阳不测之谓神。虚用之藏，藏帝籍之收于神仓。谷神者，先王百物而为之备也。其不死者，天之未丧斯文者也。后死者，得與于斯文，谷水得焉。

玄之又玄，众妙之门。又玄则言其深，根深则视久，绵绵若葛藟之存。谷水当视其无易既易，顺时用之。时过然后学，则勤苦而难成。民有三勤焉，厥子自用，乃知稼穑之艰难。饮汲者用之，不恶成童舞象，学射御使其然也。

物生而后有象，象而后有滋，滋而后有数。

成象而后有滋润，流湿万物称应。

韬光第七

天长地久。天地所以能长且久者，以其不自生，故能长生。是以圣人后其身而身先，外其身而身存。非以其无私邪，故能成其私。

正 义 深根固柢，长生久视之道。其生者，道其久者，视人之所患，道之长消。

目不能两视而明，奉先思孝，接下思恭，视远惟明，听德惟聪。愚而好自用，贱而好自专，无自广以狭人。好问则裕，自用则小，有无相生，天地不自生，故能强而不息，德而载物。

长短相形，前后相随，生而不有，长生不去，圣人与天地合其德，与日月合其明，与四时合其序，与鬼神合其吉凶，先天而天弗违，后天而奉天时。圣人随行以己，身体之，足以长道知几，得吉之先见先知先觉。

道达则嗜欲之心外，圣人去身存道，德垂后裔，虽公道通而私道塞，然其宗庙之私，得无祭乎？

君子所以异于人者，以其去身存心焉。

易性第八

上善若水。水善利万物而不争，处众人之所恶，故几于道。居善地，心善渊，与善仁，言善信，正善治，事善能，动善时。夫唯不争，故无尤。

正义 天命之谓性；治之安化者曰平。

人生在世，性命俱禀，乾道变化须各正性命，导养得理，无以反其性情，而复其初宁。虽天命不可违，然养身体道，事在人为。作物生民，君子居易以俟命，动善当世，犹水之就下也。深则厉，心渊渊心，显微无间。

忘善则恶心生，所恶者，在其心也。恶乎道阻且长，乖法徼幸，犹立南墙之下焉。圣人独异于人，得几于道门，地载之物，重渊之珠，仁德之术，信实之用，治世之平，能比之为，时势之雍，辨照然否，证定符验，百利而无一害。道法皆具，去一人之身又何争哉？不怨天，不尤人，地物居，珠心渊，术與仁，用言信，平正治，为事能，雍动时。

所尤者道，辨命而动顺时。

运夷第九

持而盈之，不如其已。揣而锐之，不可长保。金玉满堂，莫之能守；富贵而骄，自遗其咎。功成、名遂、身退，天之道。

正 义　日月运行，有夷有明，其明者易察，其夷者难为。

水流而不盈，盈物而持，犹死水一潭，比雍而未成，持而不养之象也。比之已然者，徒存皮囊而已。猞囊者，乱天下。揣度高卑，锐而不挫者，易伤折，其退也速，此乃亡征，不可长保。久抟之气易散，不致和之故也。骄者，负宝盈车，慢藏诲盗，咎由自取，无旦之象。

功成名遂，天道符验，去身存心，告归者吉。

于肉，腐卷者易腐。

能为第十

载营魄。抱一，能无离，专气致柔，能婴儿。涤除玄览，能无疵。爱国治民，能无知。天门开阖，能为雌。明白四达，能无知。生之，畜之。生而不有，为而不恃，长而不宰，是谓玄德。

正 义 营魄者，营宇神田之谓也。

人生始化曰魄。既生魄，其阳曰魂，魂动魄静，故曰精气为物，游魂为变。

魄兆于民，神不娆其精。若营慧，而抱一于内，则神明存而能无离其宅也。专心一志，思索熟察，加日县久，积善而不息，则通于神明，参于天地矣，此之谓致柔。

儿子终日嗥而嗌不嗄，和之至也。馆清平之灵澄，彻神明之精以与天和。相婴薄者，能婴物儿子，乾乾不息而养和。

彗星入营室，犯离宫，是除宫室也。此彗所以除旧布新也。圣人之治天下，非易民性也，拊循其所有微而涤荡之。圣人处玄冥而不暗，览说察实，使物不疵疠而年谷熟。徕民重礼，有生而无知，其致知者，自为王者，不专好事，爱而不见其所徼。道乘符验，有功而不自伐。道、天、地、王，王居中流之域，生生不息，常为无为以观其妙，玄也德，又玄也德。

先王之教，物感人，教之不时，则不生，感之不化，则伤世。好事民自为，圣人雍时待命而已，乘道。

无用第十一

三十辐共一毂，当其无，有车之用；埏埴以为器，当其无，有器之用；凿户牖以为室，当其无，有室之用。故有之以为利，无之以为用。

正义 三十而有室，始理男事。

一毂有阴虚之位三十，实之则谓当其无。有为利，无为用，当在其时，聘以结好。有栈之车行好事，当务之急也。玉卮无当不可盛水，埏埴亦然。户牖不当，其室难以堪用。鑿虚之备用，以待其阳之有也。

阴阳相交，当轴处中，其用礼和。用命则赏于祖，车服以庸。

无之用也，虚以待。

检欲第十二

五色令人目盲，五音令人耳聋，五味令人口爽，驰骋畋猎令人心发狂，难得之货令人行妨。是以圣人为腹不为目。故去彼取此。

正义 口嗜物味则出狂言，失其道味也。目、耳、口者，摄物提神，得神足矣。心者思，行者验。圣人法道之窗，纵一牖而失道常，故圣人心腹，持于内宇中，摄则简法归真，取大者矣。

五色、五音、五味以养田猎，行则为腹孕，生焉。

猒耻第十三

宠辱若惊，贵大患若身。何谓宠辱？辱为下，得之若惊，失之若惊，是谓宠辱若惊。何谓贵大患若身？吾所以有大患者，为吾有身。及吾无身，吾有何患？故贵以身为天下者，则可寄于天下，爱以身为天下者，乃可以托于天下。

正 义 猒猒兮其能长久于万年，积德行焉。

无耻过作非，有之，则心愧若挞于市，格之。

宠神其祖，训及诸夏，其宠大矣，僭也。惟其克相上帝，方能宠绥四方。辱行漫人，失礼而震惊百里者，现败征。大患至而不知，反贵重之以为幸，其行，为身不为心，为人不为己，必有大患。为心、为己则患无；为身、为人者，其法，贵虽有天下，其命，暂寄而已。为心、为己者其法爱，后其身而身先，古之成说者也，其道存。

目见，耳是，口伐，心矜，一行。

赞玄第十四

视之不见名曰夷，听之不闻名曰希，抟之不得名曰微。此三者不可致诘，故混而为一。其上不皦，其下不昧。绳绳不可名，复归于无物。是谓无状之状，无物之象，是谓忽恍。迎之不见其首，随之不见其后，执古之道，以御今之有，以知古始，是谓道纪。

正义 视、听、抟者，目、耳、口之法也。口可抟者，饭也、味也、气也。

夷、希、微者，有名而无实焉，可意会不可言传，故曰不可致诘。

无实则虚，参混无形，得一亦惟名耳。上不皦章，下不昧暗，绳绳之不易得，似是而非者常，道一而古今同。

御今而若执古，所异者名也。道纪人遵，吾知古有，不知其始焉。

显德第十五

古之善为士者，微妙玄通，深不可识。夫唯不可识，故强为之容。与兮若冬涉川，犹兮若畏四邻，俨兮其若客，涣兮若冰之将释，敦兮其若朴，旷兮其若谷，浑兮其若浊。孰能浊以静之徐清？孰能安以久动之徐生？保此道者不欲盈。夫唯不盈，故能蔽不新成。

正义 识者，阳也。深而不识，阴臧之极也，是谓又玄。

容在实，虚纳阳也。与、犹、俨、涣、敦、旷、浑，容之七象也，合而称容。

冬涉川者，与而不进；畏四邻者，犹而不及；客者俨而祇敬；冰之将释者涣而汗发离离；朴者敦而不愚；谷者旷而弗居；浊者浑而难澄。

孰能徐以清世，徐以生民于叔末，得道是时而知盈之不豫，方能蔽谗言而不造新历。

归根第十六

至虚极，守静笃，万物并作，吾以观其复。夫物芸芸，各复归其根。归根曰静。是谓复命。复命曰常。知常曰明。不知常，妄作凶。知常容，容乃公。公乃王。王乃天。天乃道。道乃久。没身不殆。

正义 至虚者极于天地之根，守静者笃于大道之中。

复，尽爱之道也；仰观，志未平也。观其复者，常有欲以观其徼者也。作有始终，尽则复归其根，虽开枝散叶，然终归于复命。复命曰常，知常者以目观，明而不夷；不知常者徒存目而不知摄提，其作凶必焉。

以一木观之，若两，则以一山观之。

大道之行也，天下为公。为公者枝，降教为渠，添王者之脉也，道统于王干，以章根也。

久、道、天、王、公、容，树木之由根及干及枝及叶也。知常者知道纪之绳绳，虽身没而必不殆矣。

淳风第十七

大上下知有之。其次亲而誉之。其次畏之。其次侮之。信不足焉。犹兮其贵言。功成事遂，百姓皆谓我自然。

正 义 太上贵德，尊君亲上，然后兴学。

圣皇既多，君子审所上而贵简，故复归太上于一；御今者中；以继道统，延之后世者下。

道四方之政事与其上下之志，是谓之畴。上下未形，知道者不滥而已。心存有之，亲之誉之者，贵形而道蒙。曲畏之侮之者，道小泥为，不归而宁于尘。

言金由贵家起，验信也，故其事遂。我法自然，得道，百姓目见而自皈依。

身体力行，行之有效。厉行，验而兴教。

俗薄第十八

大道废，有仁义；智慧出，有大伪；六亲不和，有孝慈；国家昏乱，有忠臣。

正义 饥不广思，则废置先王之教，以为人利。禘之不继，自有郊社之义举作，所以仁鬼神也。

此智惠非彼智慧也。智欲员而行欲方，惠而不智其处，不知为政，本方而员，行险徼幸而已。作伪者心劳日拙，其死必矣。人之所以群居，和一之理尽矣，六亲同辟，不和其难矣。孝慈则忠，六亲之干也，子孝父慈，事亲之始焉。

天下之本在国，国之本在家，用劢相我国家者，和之大也。昏于小利，兵作于内，乱离瘼矣。爰其适归于忠臣，不避重诛，世笃忠贞者其几微。

始积善行曰俗，其发曰薄，否极泰来。

进德言曰忠，下切上。

还淳第十九

绝圣弃智，民利百倍；绝仁弃义，民复孝慈；绝巧弃利，盗贼无有。此三者，以为文不足，故令有所属。见素抱朴，少私寡欲。

正义 睿作者圣，大而化之，其作而万物睹，睹实而不可知虚谓之神。绝，常以虚长继实之短，舍大取小。

民之所望者三：利百倍，复孝慈，无盗贼。此近绝气之象。

礼减而进，以进为文；乐盈而反，以反为文。为文者厉，不在其属，属纩以俟绝气，则兵必灭抑而不能兴矣。

于文，皿虫为蛊，小虫之属，六卿分职，各率其属，以倡九牧。右属櫜鞬，禁也，小也，故曰为文不足。虽有智慧，不如乘势，故弃智取势耳。处智之大焉，圣人能而自绝弃，以和万民。

年不顺成，素而不饰，白而不表，见素抱朴者真。利，征吉；以公灭私，私者智高，公者智厚，公道通而私道塞，不两辞。少私寡欲者简，其志在抟，亨于无状之智。

存乎中孚，大人凶，小人道长之法。教不及，则用其长。

异俗第二十

绝学无忧。唯之与阿，相去几何？善之与恶，相去何若？人之所畏，不可不畏。荒兮其未央哉。众人熙熙，如享太牢，如春登台，我独怕兮其未兆，如婴儿之未孩，乘乘兮若无所归。众人皆有余，而我独若遗，我愚人之心也哉，沌沌兮。俗

正义 夫国有学，不学则殆于政（学而为政），不殖将落，心之忧矣，不遑假寐，此古之起居有宅者之存心也。无忧者，亦无宅。此二者穷于道，而与私阿于道者所差几微。私阿则公道塞，君子卷怀之象也。

桑之未落，其叶沃若。善之能济，恶之若死，孰能辨之。天明畏，自我民明畏，道亦可畏，其畏亦有所成，致远则泥。

物荒而失成均，以荒政十有二聚万民，皆可登台而享太牢。私阿者知其所徼，怕其兆朕终成，懔乎其心也。

道幼乖礼，我乘黄屋尚且若无所归（黄亦小口也），众人皆以其道有余，而我独忧吾道之有遗。未兆之时我形愚，似心忧之甚矣，此之情状终身不离。俗人昭也、察也，我视之若昏而闷闷（不乐）。日忽忽其（明）将暮入

人昭昭，我独若昏；俗人察察，我独闷闷。忽兮若海，漂兮若无所止。众人皆有以，而我独顽似鄙，我独异于人，而贵食母。

海，犹与不及于道者无所止息。处也有与，久也有以，众人皆曰得道，我独识此道为顽始。鄙而不友则称异，处同世而贵食母，以待黄屋成大宅。

民意厚重，惯而难违，阻之不利，引则吉。

虚心第二十一

孔德之容，唯道是从。道之为物，唯怳唯忽。忽兮怳兮，其中有像；怳兮忽兮，其中有物，窈兮冥兮，其中有精，其精甚真，其中有信。自今及古，其名不去，以阅众甫。吾何以知众甫之然哉？以此。

正义 知常容，言其聚德之久也。道之为物，其有序。恍显忽微，忽恍成像，恍忽作物。寥廓忽恍，眇茫恍忽，成像言其有形，作物言其有功，无形之实者也。

深微窈冥，难以知论。窈窈者目眴，何其孺子也（道行低）。冥在志行，有昭之明，目冥眴而亡见。

精气为物，惟精惟一，甚精必愚，耳目精明也。玄达之人，谨守而勿失，何必言利。数往者顺，知来者逆，往者屈也，来者信也，逆信其中，为来者也。其名古，今已验，况乎来者。

众者，天下之闻人也；甫者，义理之能事也，阅者，历其物成。吾以忽恍、恍忽之法，阅尽天下之义理也。

我躬不阅，遑恤我后，行之得验始曰然。

寥廓者其暗未褪，未尽知之；眇茫者其逝如斯夫，已知之矣。

益谦第二十二

曲则全，枉则直，洼则盈，弊则新，少则得，多则惑。是以圣人抱一为天下式。不自见，故明；不自是，故彰；不自伐，故有功；不自矜，故长。夫唯不争，故天下莫能与之争。古之所谓曲则全者，岂虚言哉？诚全而归之。

正 义　《诗》曰：在其板屋，乱我心曲。曲言道心也，曲成万物而不遗。十全为上，全形而归之。治食抱生而不亏其体，不辱其身，可以养亲，可以尽年。

举直错诸枉，能使枉者直。景投于枉道之枉尺，可得黄道之直。洼浅不厉，隆之不益，天外有天，故曰重险，易盈有险。

形劳而不休则弊，主弊则新浴者振其衣，新沐者弹其冠，其犯离宫，迎新妇，改火必矣。少道之时，血气未定，物之五色令人目盲，故御事戒之在色。得志，与民由之，不思则不得志也。

独行其道，其私阿者乎？多方以误之，不知量也。欲生欲死，爱恶无从，或蛊其君而专其利，是故圣人以目见、耳是、口伐、心矜、一行之法摄提，后、外其身而不争，得明、彰、有功、道长、抱一之成。

以德服人，万物不遗，岂是虚言，成说之全形现矣。

向内深挖之法。

虚无第二十三

希言自然。飘风不终朝，骤雨不终日。孰为此者？天地。天地尚不能久，而况于人乎？故从事于道者，道者同于道，德者同于德，失者同于失。同于道者，道亦乐得之；同于德者，德亦乐得之；同于失者，失亦乐失之。信不足焉，有不信焉。

正义 道法自然，大音希声，听之不闻，简白之法。人不能久持，必畏。飘风骤雨天地为之尚不可久，而况于人乎？知常而不可守，自然之法则也。

溯回从之，道阻且长，溯游从之，宛在水中央。从道不从君，朝夕从事，乘桴浮于海，出游从容，是鱼之乐也。君子和而不同，儒有合志同方，营道同术，与治同道，罔不兴，与乱同事，罔不亡。

乐者，音之所由生也，适彼乐土，乐而玩者，爻之辞也，得其所哉，终身饱而乐成。同德戮力，同于失者，告宁于尘，小人之所为焉。君子和其光者，同寅、协恭、和衷哉。其敬信也，共济于道，后来者，家国无畜，信不足焉，渐之则有不信焉。人不知虚用、无用者失本，其不知自然也欤！尔无不信，朕不食言。

然此乃谓之正道。夫物盛而衰，乐极则悲者，足也。溯游其中，和鸾雍雍，乐天知命，尚且万一。溯洄者，乐失必矣，难免死亡。

虚用、无用，其吉凶之转折在此，鸡口牛后，早作酬谋，生死仅在一念之间耳。

苦恩第二十四

跂者不立，跨者不行，自见者不明，自是者不彰，自伐者无功，自矜者不长。其于道也，曰余食赘行。物或恶之，故有道者不处也。

正义 合者不为骈，而枝者不为跂。枝者，公也；能立者，王也。以跂跻为服方庸。跂望七襄，顷筐得宋。鸣木不交之象。

不跨其国，可谓挟乎？擅一壑之水，而跨跱埳井之乐，学而不习，此亦至矣，斫轮不配之象。

自见目夷，自是耳希，自伐口微，自矜道消（异于心矜）。余食于道者饱学，致力尽巧而疾耕耘者，若火炎上。赘之比人，九牛一毛，言多行少。舍夫种种之民，而悦夫役役之佞，始庸庸而忌作歌，今比赘行无庸，报将自及。

庸言之信，庸行之谨，车载轮行，方可自解。若否，偷儒惮事，无廉耻而嗜乎饮食，则可谓恶少者矣，必以恶声随之，此谓物恶之报也。土薄水浅，其恶易觏，恶湿下流，君子不处其地也。

行之苦验，恩报庸作者也，言行一致，均。始卒若环，莫得其伦，是谓天均。

炎上作苦，苦之恩报。

象元第二十五

有物混成，先天地生。寂兮寥兮，独立而不改，周行而不殆，可以为天下母，吾不知其名，字之曰道。强为之名曰大。大曰逝，逝曰远，远曰反。故道大、天大、地大、王亦大。域中有四大，而王居其一焉。人法地，地法天，天法道，道法自然。

正义 物之混浊而不分，虽有处混冥之中，然神气不荡于外。教学为先，能为详说者曰混成，能知是非治乱之所存者，此古之圣人之才也。外运混元，内浸豪芒，原泉汩乎混流，天长地久。

知足不辱，知止不殆，以其不自生，故能长生。谓天盖高，不敢不局，谓地盖厚，不敢不蹐，学，习也。

夫礼，天之经也，地之义也，民之行也。地平天成，先天而天弗违。从于先生（称先生者，其身已死，圣师道存不亡，先天地生之简化，争先者不畏死，存名后世，垂范不朽），不越路而与人言。天地生者，现世也。生事毕而鬼事始已，遂者，生事也。物有本末，事有终始，知所先后，则近道矣。

三王之祭川也，皆先河而后海。或源也，或委也，此之谓务本。下虚无寂寞，其无地而不动，上寥廓去化，其无天而入于天一。其道独立而水火不改，置彼示我，多见致学，知始终而不殆于空言。爱而不见其所徼，爱母则形现。相形不如论心，在天成象，在地成形，父能字厥子，曰道则不疾于天心。强阳识名，为川者决之使导，为民者宣之使言，大天而思之，此因形见道，因名用思者也。

形名者实，道思者虚。

纵志舒节，以驰大区，告之以大古，教之以至顺。戴大员者履大方，明白于天地之德者，与天地同理，与万世同友。逝将去汝，以说远祖。终始始终，以及反侧，是故道、天、地、王皆可阳现。兆域广轮，道一而贯之。王主秉德而居焉，法传其常情，无传其溢言，则几乎全形。

崇效天，卑法地，设仪立度，可以为法则。六典九则，儆戒无虞，能无从乎？是故法像莫大乎天地，变通莫大乎四时，道久自然，虽圣王而从之欤。

重德第二十六

重为轻根，静为躁君。是以圣人终日行不离辎重。虽有荣观、燕处，超然。奈何万乘之主，而以身轻天下？轻则失臣，躁则失君。

正 义 罪疑惟轻，功疑惟重，权而后知。重色而衣之，重味而食之，重，主道也。无令人而擅为，亏法以利私，耗国以便家，力能得其君，此所为重人也，乱主之行爵禄也。不以法令案功劳，其行刑罚也，不以法令案罪过，而听重臣之所言，吏治不昭之象。

民为贵，重在义；君为轻，轻在利。轻绝贫贱而重绝富贵，则好贤不坚，而恶恶不著也。浅意于华叶之言，无根核之深，不见大道体要，故立功者希。

柢固重为则生长，根深轻为则视久。事在重实，而道为轻虚。叁之以比物，伍之以合虚，根干不革则动泄不失矣。

仁者静，纯粹而不杂，静一而不变，惔而无为，动而以天行，此养神之道也。人主之道，静退以为宝，不自操事而知拙与巧，不自计虑而知福与咎。言未及之而言，谓之躁。人主静谟而不躁，躁者皆可化而悫（心坚也）。君，至尊也。君子务治（德），小人务力（役），君子淡以亲，其交淡若水，小人甘以绝，其交甘若醴。博闻强识而让，敦善行而不怠，谓之君子。静为者大，躁君者小，处君位而躁，其必缩乎而待静一之盈宾。

根入玄虚，知底之深，轻根则浅，躁君不信。

巧用第二十七

善行无辙迹，善言无瑕谪，善计不用筹策，善闭无关楗而不可开，善结无绳约而不可解。是以圣人常善救人，故无弃人；常善救物，故无弃物，是谓袭明。故善人者，不善人之师；不善人者，善人之资。不贵其师，不爱其资，虽智大迷，是谓要妙。

正义 《诗》曰：女子善怀，亦各有行。善日者王，善时者霸。行迈令之以仁，中言文之以义，计会较之以礼。竹闭防之以智，结言约之以信，是谓五常，得仁爱、义宜、礼节、智圆、信用之法。行无可固之迹，言无可谪之疵，计无会乱之算，闭无不时之淫，结无可解之约，方可称善。

先王以法方陈迹，经纶人伦，是谓常善。行、言、计者，皆有迹可循；闭、结者，无物可睹，是以圣人救人救物，非以药石，乃以药方。救病止丧而不失元，授人以渔，不弃疾忘失也。

诞实匍匐，立人达人，胸怀竭尽，是谓袭明，袭迹于前人之明也，发扬光大。善人者，善救人之谓也。贵知法术，不贵已然，爱于道路，不爱舟车，精进无止，变化无常，以水为资，大智不迷，要妙是谓。巧言如簧，善为巧，发奇中，工有巧度也。艺文不贵，徒消工夫，苦意极思，攻微索隐。

旱则资舟，水则资车，以待乏也。

节气，分、至、启、闭，必云书物。

反朴第二十八

知其雄守其雌，为天下溪。为天下溪，常德不离。复归于婴儿。知其白，守其黑，为天下式。为天下式，常德不忒。复归于无极。知其荣，守其辱，为天下谷。为天下谷，常德乃足。复归于朴。朴散则为器，圣人用之则为官长，故大制不割。

正义 知足不辱，知止不殆，可以长久。夫常人安于故习，学者溺于所闻，此两者，所以居官而守法，非所与论于法之外也。然失其守者其辞屈，雄风飞，雌风伏，圣人守清道而抱雌节，因循应变，常后而不先。为天下谿者，大音希声，常德不离，婴物儿子，复归而非宁，复归于无物之道存，所谓根深柢固是也。

白圭有玷，式微民忧，其道将归，归于白帝。右知，厥土黑坟，暖之以春日，救枯槁以利繁育，天下安宁以活民命，人我之养毕足而不止，不失元始，守此不殆。圣人抱一为天下式，式遏寇虐，无俾民忧，神之听之，式榖以女，故日月不过，而四时不忒。至虚极，守静笃，万物并作，惟待时衍。

先义而后利者荣，先利而后义者辱。有荣华者，必有憔悴。草木荣华滋硕之时，生有荣名焉，不知足则辱。东荣而守，有守心而无淫行妄作，虽不至圣达（节），可守（节）无失（节）。瞻言百里，人有言而能者，圣人也。进退维谷，知畏止而不殆。谷风所至，生生不息。

归根曰静，常德足复归于朴，养化人文，虽百世没身而不殆。无刀斧之断者谓之朴，一马不隆于礼，察辨流在裔土。

为渊驱鱼之器，渊、丛、汤武也。君子易事而难说也，说之不以道，不说也，及其使人也，器之。圣人之用器也，官司彝器，隆礼医国，官师相规。先王之制，师在制命而已，禀命则不威，专命则不孝，节以制度，不伤财不害民，不使天降割于我家。

割物断木，无所存焉。

其器盛物。

无为第二十九

将欲取天下，而为之，吾见其不得已。天下神器，不可为也。为者败之。执者失之。故物或行或随，或呴或吹。或强或羸，或挫或隳。是以圣人去甚、去奢、去泰。

正义 月将者，欲不可从，欲速则不达，欲盖而名章。为川者决之使导，为民者宣之使言，为人子，不可不慎也哉。

取伤廉，取材以章物采。大匠之取法也，可以取，其用物也弘矣，其取精也多矣，然其于货财取与计数也，可以无取。易曰：勿用取女。为川者失位，力于下也，故曰其不得已。

奄有四海，为天下君，知足者奄之，神奄留也。天下神器可奄而不可为也，力无常而器物有常耳。贪人败类，反道败德，徒存皇舆之败绩焉。

《诗》曰：左手执籥，右手秉翟。法律度量者，人主之所以执下，释之而不用，是犹无辔衔而驰也。惟精惟一，允执厥中。手执业，则投之，上善之劝。

夫人死而神奄，失气而死，岂不哀哉。失守宗庙，君子失足于人，昏愆之为也，无异于弃翟而秉籥，一世之为，虽身死而徒存骂名。

行役夙夜无已，言之有文焉。行言自为而天下化。随俗为变，艮其腓，不拯其随。随风而动，逐波而流者，安能复身于德行，苦思于学问哉？随山刊木而已！

月日倒悬，飞雉登鼎而呴，呴谕覆育，万物群生；孤雌惊兮鸣呴呴。然在宥，天下理吹万群方悦。凡夫不识妍蚩，为共吹扬，增长妖妄，为彼巧伪之人，虚生华誉。吹管，犹有嗃也。吹剑首者，吷而已矣。阴阳声异，知困然后能自强也。博闻强识而让，敦善行而不怠，强本而节用，则天不能贫。强学而求有之，难矣！强辩饰非，甚矣！羸縢履跻，负书担橐，行贳而食，慢藏诲盗，羸车难载其富。

《书》曰：予乘四载，载以银锡。其光能奋庸熙帝之载，书记厥声，载路后世奕世载德，不忝前人。隳废城郭宗庙，渐失祖宗之旧，奢泰亡度，天下虚耗，循法守正者，见侮于世，奢溢僭差者，谓之显荣，圣明戒之。

夫行随呴吹，强羸载隳，物之性也。德之四义，无为之法，去甚、去奢、去泰而已。君子取物而视天下无，物德海纳，神器不执，天下始归。

俭武第三十

以道佐人主者，不以兵强天下，其事好还，师之所处，荆棘生焉。大军之后，必有凶年。善者果而已，不敢以取强。果而勿矜，果而勿伐，果而勿骄，果而不得已，果而勿强。物壮则老，是谓不道，不道早已。

正义 以道佐人主者，开篇立意，佐王治邦国。

乘贰车（佐车，兵车）则式，佐车则否。式在人主，佐人主之食也。道听而涂说，重以耳摄。道不行，乘桴浮于海，断木而归于渊，君桴臣鼓，至治之国也；道千乘之国，敬事而信，节用而爱人，使民以时，苟无忠信之人，则礼不虚道。道引养形，寿考者，为寿而已。诗曰：何其久也，必有以也，所序以于道者也。鲁之群室，虽众于齐之兵车，然不当其力也。周礼有言，若有兵甲之事，则授之车甲，合其卒伍，置其有司。起军旅，治兵守者，各依其道。礼、兵道异，繁礼君子，不厌忠信；战阵之间，不厌诈伪。礼事好速，兵事好还，暴虐淫从，肆行非道，君子忌之。

为巨室，则必使工师求大木，言先后也。地中有水，盖水利万物，容民畜众。

师田行役，移执事。虚俊义之官礼，实百僚之师兵。荆棘者，其欲艳肥也。君子劳心慱慱，军礼同而凶礼哀，丧、荒、吊、禬、恤，比及而至。岁凶，年谷不登，救败不暇，而礼有废弛，覆而败之，其取伤廉，故易曰：勿用取女。取在义，取材以章物采，法度而已。

佐车用物也弘，兵车取精也多，知行者，取行必果，不得已而为之，敢不敬应以让？矜、伐、骄，皆以强取。矜，争能；伐，旌功；骄，奢佚。博闻强识而让，敦善行而不怠，强本而节用，君子有大道，必忠信以得之，骄泰以失之，奢泰则家贫，骄恣则行暴。

物壮者，阳大盛而阴虚失，名存而实亡。方成叔元则老，壮犹过而不及，救败已过，已于事而竣，早治已事，复归于大道。俭约恭敬，得已乃可再强，行必果

道车载旞，律历全羽；斿车载旌，法令析羽。

偃武第三十一

夫佳兵者，不祥之器，物或恶之，故有道者不处。君子居则贵左，用兵则贵右。兵者，不祥之器，非君子之器，不得已而用之，恬惔为上。胜而不美，而美之者，是乐杀人。夫乐杀人者，则不可以得志于天下矣。吉事尚左，凶事尚右。偏将军居左，上将军居右，言以丧礼处之。杀人众多，以悲哀泣之。战胜，以丧礼处之。

正 义 夫而无子，孔武而少智。佳人不同体，美人不同面，佳冶芬芳。

起军旅，治兵守，祥瑞之器未著，不和之气乃臻。国之大事，在祀与戎，牙璋起而祥车让。贰车之式，唯祭祀用之。凡祭祀百物之神，鼓兵舞、帗舞者，鼓之舞之以尽神。

上古穴居而野处，有道穴居而处野，天野也。居处恭，执事敬，与人忠。恭者，文也，有三已。若有兵甲之事，则授之车甲，合其卒伍，置其有司。居祀兵戎，左右分矣。兵者，国之大事，用之为得已事之竣，恬惔寂寞，唯得道一。礼事方可称美，兵事胜则可称佳。凡得一，礼事称偏，兵事称上，有司称将军，礼吉兵凶。

言而有文，行而致远，事竟成言。

以丧礼哀死亡，临丧而哀不道之物，传之后世。兵事者凶，胜而不美，故称处而不称居，是谓丧祭（穴居可为吉祭）。偃兵接好，以待吉期。不已于行者，以吉祭易丧祭，言必信。

圣德第三十二

道常无名，朴虽小，天下不敢臣。侯王若能守之，万物将自宾。天地相合，以降甘露，民莫之令而自均。始制有名，名亦既有，天亦将知之，知之，所以不殆。譬道之在天下，犹川谷之与江海。

正义 王建太常，立常备能，殷虚以待实。虽有维常之华，亦有四牡骙骙。载是常服，百物正名，其称名也小，其取类也大。名也者，所以期累实也。辨名物而功成名遂。子曰：名从主人，物从中国。是故名正言顺而事有成。朴一质实，名之常本，称名虽小，取类则大，正。天下宾服而不敢臣。

阴阳相合，天降甘露，地出醴泉。上帝既命侯于周服，谨守侯度，四夷来王。言侯与王者，由外及内也。王人秉德，明恤小臣，宾之实象。莫、桑、蕢者，大猷之兴、立、成也。圣人作之，以使民兴，监观四方，求民之莫。以诗兴之，以明明德。维叶莫莫之未晞，其为霜乎？大夫不均，我从事独贤，以事一人。令仪令色，令闻令望，小心翼翼，纲常是式。明命使赋，权有无，均贫富，不以养嗜欲。圣人所求，不患寡而患不均，琴瑟管箫，各得其所焉。甘露者酒，泛齐；醴泉者醴，醴齐。上行以酒，下效以醴。

圣人以神道设教，而天下服矣。天地节，而四时成，节以制度，不伤财，不害民。夫礼，所以制中也，因时变而制礼乐者也（制命有二，禀命则不威，专命则不孝）。既有已然，曰方则方，曰圆则圆，天将知以政，将恐将惧者与之，将安将乐者弃之。有所将则有所迎，知足不辱，知止不殆，可以长久。假象取耦以相譬喻，耦世接俗，以传先王之法，犹然如将可及者，川谷之与江海。川江之流，小德也，谷海之雍，含纳敦化。故中庸有言：小德川流，大德敦化。此天地之所以为大也。

德无常师，主善为师。道常无名，而德有名。方以类聚，物以群分。

辩德第三十三

知人者智，自知者明。胜人者有力，自胜者强。知足者富。强行者有志。不失其所者久。死而不亡者寿。

正义 好学近乎知，文明以止，人文也。观乎天文以察时变，观乎人文，以化成天下。君子不患人之不己知，仁智并行，本句不言仁，众智之所为，无不成也。智虽有等，然上下同欲者化成。知员者，无不知也；行方者，有不为也。任智道御，乘势而为。

公生明，偏生暗，譬称以喻之，分别以明之。有生而知之者，有学而知之者，左偏不道，公法不枉。圣人作法，三考黜陟幽明。好问则裕，自用则小，无自广以狭人，是故君子不自大其事。愚贱者用专，以实狭虚，不能自反，是故知人者尚虚以义，自知者体实以礼。

言在胜任，战有胜负。凡有阴讼，听之于胜国之社。然子亦有言：质胜文则野，文胜质则史。文质彬彬，是为得中，称任。

夫力行近乎仁。天子作一为虚，诸臣均行力政。强恕而行，知困自强，围马于成，貌似围道，实则固焉。力拔山者小，气盖世者大。胜残去杀，百年大计。知不足，然后能自反也。聚力知足则不能反，徒存富业之小而不为大。志气围胸，强恕而行，求仁莫近焉。博闻强识而让，敦善行而不怠，谓之君子。子曰：视其所以，观其所由，察其所安。王所至大，所不与道同心者，有失，失志为昏，失所为愆。长生久视之道，久要不忘。诗曰：心之忧矣，曷为其亡。日知其所亡，久；月无忘其所能，寿。心如死灰，强阳失道，无所维系。日之升当思月之恒，盈而不逼，慽而不二者，方能自寿。寿以时考，生死维礼。故知人者、胜人者、知足者，不失其所者，皆守阳不反，止而不前。自知者、自胜者、强行者、死而不亡者，存阳尚阴，志气塞乎天地。君子礼以坊德，刑以坊淫，命以坊欲，坊德辩义以此。

知之者不如好之者，好之者不如乐之者。好学者，仁也；知学者，智也。公者，左右之法也。知者利仁，仁者安仁。

任成第三十四

大道泛兮，其可左右。万物恃之而生，而不辞。功成而不名有。爱养万物而不为主。常无欲，可名于小。万物归焉而不为主，可名为大。以其圣人终不自为大，故能成其大。

正义　泛彼柏舟，亦泛其流。泛泛其逝，泛滥博文而渐失其质。观之，文胜质之象，史。多而久之，众鲜亲仁寿。君子贵左，用兵则贵右。适我宜之者，生于道左，来游有之者，生于道周。左验以动，右符以言，文言纪事。道者，母也。能为而不恃，生而不有，长而不宰。功成者，生也；爱养者，长也。万物恃道而生，终归于道。

入不言兮出不辞。不言以则，不辞以淫，出生入死，泛博爱养万物之众，让而无讼，无欲于速，无见小利。于道生，称名也小；于费事，取类也大。取者，为也，取乃实为乃虚。道之名分，方以类聚，物以群分。类族者大，辨物者小，正言断辞，于小者虚为，为大者实归。有名万物之母，不名有者，无名也，其天地之始乎？事有功成之生肆，而任之于归隐，靡不有初，鲜有克终。圣人克终，不取类方而为无为，天人合一，道一而古今同。为任大成者，称能。

仁德第三十五

执大象，天下往。往而不害，安平太。乐与饵，过客止。道之出口，淡乎其无味，视之不足见，听之不足闻，用之不可既。

正义 夫左手执籥，仁；右手秉翟，德。惟精惟一，允执厥中，执礼节用耳。审象（见也）形旁（器也）求于天下，备物致用，论材审用也。传言谕说，匡辟康民，其惟有终。

彰往察来，往者不可谏，来着犹可追，天下往怀，而待迎来。民和年丰，去其害马。时见月会，和而不同，劝智勉顺，不利则用征，以救其时事。顺应天命，时无常期，以三约之，礼也。操约以时，小大由事，自得于道，则居之安。有身安土乐天，息民以道，是以君子安雅，平不夷，太一常居，而周道现矣。

知者乐水，仁者乐山，乐天知命故不忧，上。道二，仁与不仁而已矣，过犹不及，不及日与，与伤惠。君使其臣，慎、孰二字，中；德行出人则知亦出人，饵者，粗大之食，其不孰和，故去之耳，下。大道之行也，天下为公者，上；选贤与能者，中；讲信修睦者，下。一宥曰不识，二宥曰过失，三宥曰遗忘。过犹不道，失度。

主盈进，客缩退，天时不作，弗为人客，缩剑将自诛。止可以一宿而不可以久处，鲁侯戾止，人鉴于止水，知止不殆。主过尚可保，客缩将自诛。水止则亡殆，徒存人鉴乎？君子溺于口，口费而烦，易出难悔，易以溺人，在其所亵也。奸声以滥，溺而不止，淫志、溺志、烦志、乔志，此四者，皆淫于色而害于德。君子之道，或出、或处、或默、或语，利用出入，犹之与人也，出纳之吝，谓之有司。饮养阳气，食养阴气，饮用亵味而食贵多品。亵者，淡也，缁之反。君子之交淡如水，淡淡焉若有物存，莫识其状。悔吝者，忧虞之象也，得之不喜，失之安悲？百端丛生，不足为也。视，成事不说；听，遂事不谏；用，既往不咎。言寡尤，行寡悔。尤足以移人，悔足以溺志。生与来日，死与往日。背绳墨以追曲，敏德以为行本，德音莫违，及（邪）尔同死。

微明第三十六

将欲噏之，必固张之；将欲弱之，必固强之；将欲废之，必固兴之；将欲夺之，必固与之，是谓微明。柔弱胜刚强。鱼不可脱于渊，国之利器，不可以示人。

正义 所将者，军也。左偏右上，道言左，其荐之也敬以欲。孝子之祭，因爱而欲，必有和气。噏青云之流霞者，翠也。隐显默语，无所必固，时止则止，时行则行。君子之道，或出、或处、或默、或语，以时司之。出者隐，处者显。君子居则设张容，张宫室之羽旗也。负衣盛服，张弓挟矢，其慌惚以与神明交，孝子之祭义也。

贰车者，从车、使车也。从车者，欲于左；使车者，骄于右。使事有职，司于征，行。从于欲者侈泰，侈泰则家贫；使于骄者骄恣，骄恣则行暴。强本尚齿，玄；使溺节用（使命也），又玄。不遗父母之恶名，称未有遗年。居乡以齿，而老穷不遗，强不犯弱，众不暴寡，孝弟之达义也。是故君子有大道，必忠信以得之，骄泰以失之。

大学之教也，时。其法所由废者六，所由兴者四。大功废业以驭吏，百官废职服大刑，小功不税终无服。有职司于王室者玄。食饮有度，兴居有节，废业居左，兴用贵右。王道夺之人，霸道夺之与，强道夺之地。八音克谐，无相夺伦，神人以和，神之所宝，不可夺移。与，谓之不详。虽君有命，而弗敢与闻。连与成朋，与伤惠，溺，其非毁宗室。微骨者隐，见小曰明，刚柔想推而生变化。张容噏翠，神通；强本使命，顺势；兴戎废业，知反；连与夺宝，聚力。鱼（阳）不可脱于渊（阴），天下有王，分地建国，槷根者利，错节者器，见利思义，立法术，服食器，用设度，数也。阴阳相交，刚柔想推，变化万千，难以其序。示人于易简，大乐必易，大礼必简。

易，确然阳也；简，隤然阴也。

为政第三十七

道常无为，而无不为。侯王若能守之，万物将自化。化而欲作，吾将镇之以无名之朴。无名之朴，亦将无欲，不欲以静，天下将自定。

正义 立常备能，殷虚以待实，载是常服。

天下神器可奄而不可为也，神器不执，天下始归。去甚、去奢、去泰。无不为者，不为主，不为大，万物归焉能成其大。

侯与王者，由外及内，守道以此，和。无为务虚，任成务实，尽物之性以能。男女构精，万物化生。乐者，天地之和也；礼者，天地之序也。乐由天作，礼以地制，过制则乱，过作则暴。欲者，过也。朴一质实，名之常本。无名天地之始，道之初元；吾，得中；为贽币瑞节以镇之，王者所执，白玉之圭，贽币白，瑞节玉，柔惠小物，镇定大事。乐由中出，故静；礼自外作，故文。乐至则无怨，礼至则不争。礼义立，则贵贱等矣；乐文同，则上下和矣；刑禁暴，爵举贤，则政均矣。仁以爱之，义以正之。乐达礼行，王侯。如此，则民治行而天下定矣，侯王。

知礼乐之情者能作，识礼乐之文者能述，知识、作述，圣明之谓欤！乐胜则流，礼胜则离，流离失所，难以为寿。

四时之变，太阳、少阴、少阳、太阴，以蓬華观之。

论德第三十八

上德不德，是以有德；下德不失德，是以无德。上德无为，而无以为；下德为之，而有以为。上仁为之，而无以为；上义为之，而有以为。上礼为之，而莫之应，则攘臂而扔之。故失道而后德，

正义 君子进德修业，黎民敏德以为行本。德惟善政，政在养民。好古之道，敏以求之者可谓好学。尊君亲上，然后兴学。上下志异，上下未形，何由考之？是故若考之必形之，形而上者谓之道，形而下者谓之器，君子上达于道，小人下达于器，唯上知与下愚不移，故子曰，唯女子与小人为难养也。

地气上齐，天气下降，若升高，必自下。天上地下，苟不至德，至道不凝焉。君子，大道而不器，天佑降黜于命。地生养万物作阳德，德者，道之舍，吾有德于人也，不可不忘也。上德者克黜乃心，从事于道；不德者，忘之也。施实德于民，是以有德；下德者，愚而不移其本，其马将不失于时。刑不失，政不乱，无念尔祖，聿（律也）修厥德无已，则有一焉，而宗庙终不失守，是谓无德。

上德无为，去甚、去奢、去泰，去齐名滋去几，法也；无以为者，无失其时也，类，决之使导；下德为之者，宣之使言，言也，养其身以有为也，教，静也。凡有道者、有德者，使教焉，是谓有教无类。

如有王者，必世而后仁。上仁者，审合上意，世相朝

失德而后仁，失仁而后义，失义而后礼。夫礼者，忠信之薄，而乱之首。前识者，道之华。而愚之始。是以大丈夫处其厚，不居其薄；处其实，不居其华。故去彼取此。

也。亲亲为大，亲仁，而终不为大，是无以为也；义者，宜也。尊贤为大，等杀。多方之义民，教以义方，弗纳于邪，惟天不畀纯也；当其时，顺其俗者，义不反顾。流，动也。视其所以，观其所由，爱其死以有待也，养其身以有为也。有伤一，患于道正。齐之以礼告，仁以爱之，义以正之。

乐由中出，故静，礼自外作，故文。大乐必易，大礼必简。夫礼者，所以章疑别微，以为民坊者也。齐之以礼，文以告。天地有序，若网在纲，有条而不紊，禁乱之所由生。上礼为之者，文言也。

秩秩大猷，圣人莫之，同声相应（与己同则应），同气相求，本乎天者亲上，本乎地者亲下，各从其类也。得道者志于弱而事于强，心虚而应当，当其无者也。其用心不劳，其应物无方。尘莫莫兮未晞，忖度人心，当于其未，攘臂当毂之无，仍贯而轮行，攘实就虚，顺应天时，贯穿经传，驰骋古今。轴执毂节辐用，明之，不德失道，为仁失德，教义失仁，齐礼失义。

夫礼者，德薄而位尊。忠信，礼之本，所以进德也，清阳之属。薄靡而为天，知小而谋大，力小而任重鲜不及（邪）矣。侮圣言、逆忠直、远耆德、比顽童，时谓乱风，不可别于同异。群言之首，乡丘，雷风相薄，言以乱之，天命使然，故须进德。前闻而识，礼乐之文者，述。礼胜则离，灼灼其华，华离之地，有别于道。华辞者，方且饰，羽而画，华而不实，怨之所聚。愚于腹，忠于心，谋于腹者多越犯。偃鼠满腹，而尸祝不越，愚则愚矣，终有归人。知之以叁伍，士能决于廷，吏处者，审议而已，官处官审厚生之载于今，不居及邪，自以为守德而薄古，实以君子之德而耻于不称其服。服其服、有其容、遂其辞，君子所处焉。彼者薄也、华也；此者厚也、实也。夫惟弗居，是以不去，取也。

道强为之名曰大，丈者量度以币，恕也；金玉其相于己者，长巨娇美称夫。坤惟厚载，阴正乎内，是谓大丈夫。

形，相合称貌。礼节者，仁之貌，礼面，节身。妇人莫不愿得以为夫，处女莫不愿得以为士。夫者貌，学而习；士者相而无形，学。功成三考黜陟幽明，大丈夫也，其神存。

法本第三十九

昔之得一者，天得一以清，地得一以宁，神得一以灵，谷得一以盈，万物得一以生，侯王得一以为天下正。其致之，天无以清将恐裂，地无以宁将恐废，神无以灵将恐歇，谷无以盈将恐竭，万物无以生将恐灭，侯王无以贵高将恐蹶。故贵必以贱

正义 道生一，圣人抱一为天下式。夫唯不争，诚全而归一，归万物之本，无敌之道也。昔者往，顺；今者来，逆。顺从则安，直己则争，所争也者，自见不明，自是不彰，自伐不有功，自矜不长（声也），比逆于天者亡。人法地，地法天，天法道，道法自然。清者，其庙廉洁。行不取曰廉，志不污曰洁。贞廉洁悫则法正。水象智，以智涤也。圣人守清道而抱雌节，色容厉肃，视容清明，且夫清道而后行，中路而驰，犹时有衔橛之变，其衣裳绽裂者如此，拔本而塞原，无恃于道则恐。

天长地久，天长生以声，地久视以布，地所以生养万物者也。掌教安国，识察地德，以地为舆，则无不载也。

万国咸宁，来宁于今者，外归于内也。顾我能定，气发越犯，其欲过理举事乎？不归而发，反其道而行，其所为者五色也。发号施令，顺安逆亡，恃道与否阴阳不测之谓神。藏籍之所，神主山川，右社稷，左宗庙，相衔负橛而行，神出而鬼行。灵之来兮如云，灵气在心，一来一逝，其细无内，其大无外，胥阳者也。神载猃歇骄，则幽

为本，高必以下为基。是以侯王自称孤寡不谷，此非以贱为本耶？非乎！故致数车无车，不欲琭琭如玉，落落如石。

霮生而云霑，色有歇微（骨而无虚），无恃常好，其逝欤，来如云逝如水。

星殒如雨，庶几之难，百谷用成，行之进退维谷。岩居谷饮，不衣不食，和难聘女，阳智可汲。进退盈缩变化，川谷难匹江海，遗水难继。山崩川竭，亡之征也。大哉乾元，万物资始，无名于天地也。有名万物之母，天时有生也，地理有宜也，人官有能也，物曲有利也，万物归于一本，其利类于天时。然物穆无穷，变无形象，否之时也，虽若火之燎于原，不可向迩，其犹可扑灭，阳气发泄，其可竭也。

起于上，所以道于下，正令是也。诸侯与正而不与贤也，就有道而正焉。谓一为元者，视大始而欲正本也。谨尔侯度，用戒不虞，慎尔出话，曷云（灵言）其还，政事愈蹙，言令出者，若不怀归于道，则致反覆。为天下式者，正直是与，莫若好是正直，以介景福。贵介志高，离俗有功，君子学以致其道也，备物致用，立成器以为天下利。贵贱有等，礼也。贱行以为本，君子贵约言，信让以莅百姓。若升高，必自下，下天上施之政令，民之报礼重，基业安定。

不阿尊者孤特，以贱不事贵者寡助，以下不毂者，礼乐不和。独学而无友，则孤陋而寡闻，侯王自谓（贱）而非己说（贵）。数车者，有辐（当）而无毂（阳），致于道者，道扬末命。末世穷年，陋忠不时者特。九卿碌碌奉其官，食玉英，得遗水，其日稀，举玉趾，将取辱。无车者，有毂而无辐，当，阴。致于道者，纷糅将落，声闻失时者助（助长其寡也，虐）。我心匪石，不可转也，落英飘摇，夕陨之石，有志无用。击拊之不哭，惟叹其不灵，从事于道者不欲（欲不可从）。

非常，固常之所异也，侯孤王寡。

去用第四十

反者道之动，弱者道之用。天下万物生于有，有生于无。

正 义 天命反侧，物极则反，命曰环流。聚力知足而反于径者，反璞归真也。进德修业，人我同行，人已反其真，而我犹为人，是谓反目。以道观之，形为仁义，动为法则。反用目，动以心，足不良，弱于行。礼之用，用之则行，舍之则藏（志）。

和为贵，行有余力，则以学文。其心虽肯用命，然亦须知天下神器不可为也。强不犯弱，虽力足而不敢犯无名之朴。三生万物，有之大者，其庶几乎？会其有极，归其有极。和以近天子之光，知其白，守其黑，为天下式，常德不忒，复归于无极。

有不善，未尝不知，知之，未尝复行也。虽足，去用而学以和之，精义入神，以致用也，利用安身，以崇德也，穷神知化，德之盛也，弱质文化。

乾元用九，天下治也，始而亨，遁世无闷，确乎其不可简拔，龙德而隐，类偷。

因居而去。

同异第四十一

上士闻道，勤而行之；中士闻道，若存若亡；下士闻道，大笑之。不笑不足以为道。故建言有之：明道若昧，进道若退，夷道若类，上德若谷，大白若辱，广德若不足，建德若偷，质真若渝，大方无隅，大器晚成，大音希声，大象无形，道隐无名，夫唯道善贷且成。

正义 大夫食色，士食田。国君、大夫、士之子皆问长幼。士子之长曰能耕，幼则曰能负薪、未能负薪。

心在焉，视而见，听而闻，食知味，正心之道也。同声相应，同气相求，水流湿，火就燥，本乎天者亲上，本乎地者亲下，则各从其类也，时。时过然后学，则勤苦而难成。勤心稼穑，乃逸乃谚，上；勤力乃事，有功于民，下。

上士勤于心力，行类于时，则有成，可与为善，可与为不善，是谓中人。为善者，湛兮似若存，为不善者，则身弑国亡。终风且暴，顾我则笑，大天而思之，孰与物畜而制之？谑浪笑敖，中心是悼，咥其笑矣，静言思之，躬自悼矣。七年曰悼，道失久矣。言笑而被荷裯之晏晏，然潢洋而不可带（索），中看不中用，时过境迁，晏退之时，质明而始行事，反是不思，亦已焉哉。已事轮回，殆于政事，不道早已，文。

善者，果而已；不善者，笑而已。同于失者，失亦乐失之，乐然后笑。雄曰凤，雌曰凰，雄鸣曰即即，雌鸣曰足足，即谋安，足能征。

皇建其有极，以强守围，缮而安，橐。先若夫者，阴若阳。昭告上天，以求神通，非谓同世。明道者，先明；昧者，现昧。故不曰明而曰明道，余类。互反之言，有明、进、夷之道三。日月相推而明生焉，公生明，偏生暗，分别以明之，进学竭智（谷）而取。

民之秉夷，好是懿德。视一贯之，有上德、大白、广德、建德、质真之德五。上德不德，大白洁行，广德诚能，建德有极，质真勿失。

有大方、大器、大音、大象之名者四，至大无外，万物之母，隅隅多有，谁知其数？智欲圆而行欲方，方以类聚，方行天下，至于海表；玉久琢曰晚，人不学，不知道，无以成器，器识者下，宇能任者上；声相应，故生变，变成方，谓之音。听之不闻名曰希，声依永，律和声，金声者始应于声，玉振者始求于气，金鼓以声气也。然声色之于以化民，末也，故惟王不迩声色，不殖货利。希声者若此，隐身存道；笏，天子以球玉，诸侯以象。龟，象也；筮，数也。物生而后有象，象而后有滋，滋而后有数。在天成象，在地成形。大象，王者之审，无类于时，用于小，则众人贰之，谗夫弃之，形是诘。

近者不隐其能，远者不疾其劳，隐在能，疾在劳。探赜索隐，钩深致远。名也者，万物之母，源于几微，所以期累实，正则。无名天地之始，道之出口之谓也，故近。

善货者言阴，且成者曰阳，尽其家者居贫，贷于公者，恐后无以偿，裁加贷宥，自崇厚德，以继家室，民劳未可，且待之耳。惟道听之出于阴，阿成涂说入于阴，始终之谓也。惟之与阿，贯而无去，言唯者，则知道，不贷于她人。王如善之，则何为不行？呜呼！善莫大于知道。厥土涂、泥。涂说者，成说之谓也，车之；泥说者，泥滞于古而不化，称丘；炭者，说之反，败之实，败德，昏德。

道化第四十二

道生一，一生二，二生三，三生万物。万物负阴而抱阳，冲气以为和。人之所恶，唯孤寡不毂，而王公以为称。故物或损之而益，或益之而损。人之所教，我亦教之。强梁者不得其死，吾将以为教父。

正义 生在心气，可遂，异于死者。礼者，谨于治生死者也。

道有出口，故为阴。始终一贯者归，其有极；二气感应以相与，天二气则成虹，地二气则泄藏，人二气则成（说）病，阴阳之谓也；三者，中也。刚柔之间有正直，是谓至德。一、二皆气也，无名。行本得中方始有名，万物之母。日以阳德，月以阴灵。惟天阴骘下民，所负者阴；抱一为天下式，所抱者阳。以阴礼教亲，则民不怨于气，以阳礼教让，则民不争于实。被褐负阴，怀玉抱阳。

鸟飞冲天，阳冲阴者也。横宽而冲，道直而撞。冲气者，气盈之象也，其难其慎，惟和惟一，和一之理尽于人之群居。唯于孤（阳智）寡（阴智）之道者，不阿成于毂行。人皆恶之（我闻忠善以损怨，不闻作威以防怨，阴礼教亲），王公以为称职，以和阴阳之情，称情立文之谓也。

知常曰明，容乃公，公乃王。所容者，阴阳二气也，其有防，宥于囿，声名洋（阳智河水）溢（阴智海水）者王。

本章道化，所言重华而不重实，侯服重实守度，是故称王公而不称王侯。孤寡不毂，华而不实之谓也。王公以贱为本，称心立意，以警才略。君子益上，友直友谅，友多闻；损下，便辟、善柔、便佞。以称贷益公。用阳礼，以忠善损怨；用阴礼，不争不怨，气和实来。人来也乎！得来民之教者，其家必日益。明教若此，沼沚万世，生聚教训，其可殆乎？

我心匪鉴，不可以茹，教诲我生，式毂似之。我亦强学而求有之者（梁也），不让而欲得舟梁之济者，逝我梁于川。逝者如斯夫，可谓失梁之叹、川上之言。不得其死者，无归于道，有始无终，其心若死灰，徒存槁骸之形。父兮生我，母兮鞠我，有生而无鞠，有始而无终，无归于道者，是谓教父——废先王之教者之通称。

徧用第四十三

天下之至柔，驰骋天下之至坚。无有入无间，吾是以知无为之有益，不言之教，无为之益，天下希及之。

正 义 徧用者，行役之用也。

君子行役，夙夜无已，不知其期。然当记不以役作之故，害民耕绩之时。

夫乐至则无怨，礼至则不争，此大至也；法令至行，是谓小至。阴阳逆顺之理尽在其变，刚柔相推，而生变化。柔声以谏，柔在声，往者不可谏，声谏以追来，谏止王行役之恶。阴礼以柔远，教新；阳礼以能迩，教让。

厚而无穷，不可剖以盛物，磨而不磷，实坚抱一，驰说者骋其辞，不务综其终始，敌天之渝弭节。驰说务终，骛志获一，骋辞务始，因物而多之，孰与骋能而化之，其非至柔者何耶？至柔无有，至坚无间，精义入神，以致用也。圣贤之君，作则驰，起则驱。目不能两视而明，公赏驰益，视听不衰，天下神器不可为也，当知物性，视乃厥祖。

言金由贵家起，文粪自贱室出。贤者，一辟世，二辟地，三辟色，四辟言。天何言哉（终），四时行焉，百物生焉，天何言哉（始）。

听之不闻名曰希。言性与天道，不可得而闻也，怨是用希，有怨而不念旧恶，惟用希法。善此法者，其知可及也，其愚不可及也，治长久之道以益公赏者也。冶容诲淫，君子当戒，毋舍夫种种之民，而悦夫役役之佞，毋害民耕绩之时，戒之戒之。

立戒第四十四

名与身孰亲？身与货孰多？得与亡孰病？甚爱必大费，多藏必厚亡。知足不辱，知止不殆，可以长久。

正义 夫道二，仁与不仁而已矣。以亲，新。审之名仁，以多审之身仁，以病审之得仁。君子使其臣，得志，则慎虑而从之，不得志，则孰虑而从之，虑事知复之谓也。厉身立名，深则厉，物之老而不朽曰立，身体之，力行之，尽物性也。修身养性，深。

名也者，所以期累实也。然首身离兮心不惩（言，身之文也。群言之首，名），身名并重，不可离也，惩恶以通塞者也。

亲者，亲亲而仁民也。名阴身阳，故名亲，立德。家有好货，恐人得种，天下之货聚而市，恶不殖也。多方以误之，自速有余辜，多见其不知量也。不克用劝，天命降罚，多方有身，其修士不能以货赂事人。恃其精洁之身，身精洁而货亿殖，纣以亿万之心亡（亿丧贝），武王以一心存，故身多方，有组织，量，其立功。所识穷乏者得我与？既不得我，更不得己。得志，与民由之（为仁由义），不得志，独行其道。

言者所以在意，得意而忘言，忘身之文也。身弑国亡，失其方也，不验。病不得其众也，当革易前敝，求民病利，用阳礼治之，在已身，而不病人，故得病我，立言。甚者，嚣尘上冲之象，或曰嚣浮，或曰嚣风，尤而效之，罪又甚焉。

人之所爱其母者，非爱其形也，爱使其形者也，尚古之遗爱，养精爱气。有爱其羊者，有爱其礼者，甚爱者货殖，存形而丧礼。

必者，就政去罚，行止依时，毋固信之。夫礼必本于大一，大齐信焉，而轻货财，耻费轻实之谓也，故君子不自大其事，不慕古而费神，不留今而狱夷。藏也者，欲人之弗得见也。口瞖不言，以精相告，纣虽多心，弗能知矣。地势坤，君子以厚德载物，厚生之谓也。人者厚貌深情，厚敛以雕墙，多藏失一，亡其元始。

知足者富，太上不辱先，其次不辱身。不失其所者久，地久视，止可以一宿，而不可以久处，是谓周行。朴，至善之元，有大小。天亦将知之，知之所以不殆，天长生，宿戒。

洪德第四十五

大成若缺，其用不弊；大盈若冲，其用不穷。大直若屈，大巧若拙，大辩若讷。躁胜寒，静胜热。清静为天下正。

正义 夫九年知类通达，强立而不反，谓之大成。金声而玉振之者，果而已，先，展。若缺者，王之英华不盈之象。其民缺缺，可以保民乎哉？使命用心，形劳而不休则弊，爱其母者泽不弊，养其形者则力足。大盈者天实七，地时吉，盈进缩退。

与尔临冲，以伐崇庸，日月变化，盈朒迨吉，英华之畜，横于四海，所识者，遍于周道，以至于命，焉穷？周道如砥，其直如矢，理直也。然尧且屈力，虽情直而不可径行，屈己以存道，贬身以救世，君子以义屈信变应。

巧佞在前兮，贤者灭息，当去巧故，以释智谋。显微巧拙，其间几何？目能辨色，耳能辨声，口能辨味，乘天地之正，而御六气之辩。君子欲讷于言敏于行，捷敏辩给，繁于文采，则见以为史，文胜质。大直、大巧、大辩若于世者屈、拙、讷。从于道朴，不弊不穷，阿成唯道。

言未及之而言谓之躁。所谓起烟于寒灰之上，生华于已枯之木，未得肌肤身体，息隐之象，北。贤儒不遇，仆废于世，躁足之吏，皆在其上，质胜文也，虽野而状留。

纯粹而不杂，静一而不变，惔而无为，动而以天行，此养神之道也。人主静漠而不躁，仕则慕君，不得于君则热中，气热而毒盛，务虚慕古之谓也。言不胜其任者凶，清濯缨以廉洁，静得一而不变，圣人抱一为天下式，与正而不与贤。古之清世，是法天地，就有道而正焉，文质彬彬。

俭欲第四十六

天下有道，却走马以粪；天下无道，戎马生于郊。罪莫大于可欲，祸莫大于不知足，咎莫大于欲得。故知足之足，常足。

正义 凡有道者，有德者，使教焉，就有道而正焉。

助受而却，所受者无名之朴一。凡人之患，蔽于一曲，而暗于大理。迷阳恐伤吾行，吾行却曲，恐伤吾足（充足）。徐行曰步，疾行曰趋，疾趋曰走，走马者力倍。古之投壶行射，为胜者立马，三马既立（象生万物），请庆多马，行庆施惠，敬义人者也。

固庆其喜而吊其忧，杀戮之谓刑，庆赏之谓德。简兮简兮，方将万舞，帝臣不蔽，简在帝心，朕躬有罪，无以万方，万方有罪，罪在朕躬。其作始也简，其将毕也必巨。始作于物，义宜。走马多方，唯何人马首是瞻？堂上不粪，而为言金，则郊草不瞻旷芸，庆未得其云已，灵。

法先王，统礼义，一制度，以浅持博，以古持今，以一持万，胜任。居简而行简，无乃太简乎？伤足。乃立冢土，戎丑攸行。昔者，武王一戎衣而有天下，然礼乐之道非戎马之义强所能及。戎马鸣兮金鼓震，有始；壮士激兮忘身命，无终。于其身也无保，何言明哲？

郊社之礼，所以事上帝也。虽有其位，苟无其德，不敢作礼乐焉；虽有其德，苟无其位，亦不敢作礼乐焉。不见子都，乃见狂且。

国有道，不变塞焉，国无道，至死不变。罪疑惟轻，功疑惟重，与其杀不辜，宁失不经。轻言上，重言下，废法纵罪，非忠也，禹汤罪己，其兴也悖焉。诸侯不经，罪之（四法，流、放、窜、殛）而天下咸服。

其味相反，而皆可于口，欲不可纵，从道从义而已。其荐之也敬以欲，王者以日敬业，出可以守宗庙社稷，事有适，可。适欲上，可欲下，上轻下重。可欲者，虽有功然德薄，可以为祭尊乎？攘臂而为政，吾见其不得已。

止足用视听，天道福善祸淫，祸为德根，忧为福堂，不知足者，弃富取辱，先、身俱没于泥涂，大费厚亡。既往不咎，然效尤者，其亦将有咎。盖闻天道，祸自怨起而福繇德兴，怨天尤人者，其得我与？

夫有尤物，足以移人，言寡尤，行寡悔，欲得者不知其深，是故罪在不当其时，祸在多而失一，咎在浅尝辄止。汤禹严而求合兮，挚咎繇而能调，汤挚一，禹深咎繇严。复命曰常，常足者，各复归其根，就其命者也，富足。

鉴远第四十七

不出户，知天下，不窥牖，见天道。其出弥远，其知弥少。是以圣人不行而知，不见而名，无为而成。

正义 不出户庭，知通塞也。未有入室而不由户者，已入室者也。众不可户说兮，孰云察余之中情。当位以节，中正以通，知礼乐之情者能作。君子思不出其位，或出或处，或默或语，君子之道也。

户庭，形而上者也；门庭，形而下者也，故曰不出门庭凶，失时极也。门登堂，户入室。便嬖左右者，人主之所以窥远收众之门户牖向也。民之多辟，无自立辟。牖有向，观天道，人主收而一之，无使天下乱。

几者动之微，吉之先见者也，君子见几而作，不俟终日（观天象之形式）。于道始之谓出，卒之谓入。凡人主德行非出人也，知非出人也，国有大故天灾，弥祀社稷祷祠，弥缝其阙，而匡救其灾。弥以时言从久，以事言从宽。

顾乃德，远乃猷，将凭远猷以康王化。少采夕月，少者，终入于道之谓也。始舍之圉圉焉，少则洋洋焉，攸然而逝，少何其瞬哉！血气未（难）定，弥少则物壮，色采见。今者阙然数日不见，车马有行色，得微往见跖耶？物其老乎？不道早已。圣人之行，行年七十而犹有婴儿之色。言之无文，行而不远。女执懿筐，遵彼微行，学而知道，不见文而称名，少而习焉，其心安焉，不见异物而迁焉。

君子如欲化民成俗，其必由学乎！玉不琢，不成器，人不学，不知道。无为之学，去甚、去奢、去泰，正则。法先王，无为已说，成不留今。

出与弥之用法，阴阳二元表述。出户室、出道；弥有时、事之分，久远，宽漫，少间，再入于道。

乱之所生也，则言语以为阶。君子不密则失臣，臣不密则失身，几事不密则害成，是以君子慎密而不出也，不出言语之谓也。

入道室作为，临金言而致远，审。

忘知第四十八

为学日益，为道日损。损之又损，以至于无为，无为而无不为。取天下常以无事，及其有事，不足以取天下。

正 义 夫学，殖也，不殖将落。为学之法，学而不思则罔，思而不学则殆，论学取友，知所损益。为川者决之使导，为民者宣之使言，日就月将，学有缉熙于光明。为学者日新其德，友直（口），友谅（目），友多闻（耳），修其孝悌忠信。

道常无为，而无不为，道可闻而不可为，为者败之。便辟者甚，善柔者奢，便佞者泰。

不笑不足以为道，王三又，然后制刑，灾娄至损服，明王之制也。富有四海，守之以谦，此所谓挹而损之之道也。学益上（君）之誉而损下（诸侯）之忧。忠善以损怨，正直作福（刚克作威，柔克玉食）。臣无有作福、作威、玉食，人用侧颇僻，民用僭忒。

域中有四大，王居其一也，惟王辟天命。既无老谋，而又无壮事，何以事君？天命之又，何以无间？谋之而已，损之又损，玄之又玄，学谋之门洞开得入庭堂，及其启户入室，以至于无为、无不为者，终不为大，故能成其大。侯王守之，万物将自化，无为者至虚极，无不为者守静笃，万物并作（动态）而观其复，复命曰常，知常曰明。

有事者，有德有人有土有财有用，其至者有容（德乃大），有教。惟其纷糅而将落兮，恨其失时而无当。学无，当于五官，五官弗得不治。无事者，学而当之，始可任用，是谓无方（无之方也）无之有野，无类要妙。

天下神器不可为也，取常以无事，学以待时。天下万物生于有，有生于无，有事重物有身，所以有大患者也。思危者备于力，有功无德，气不足焉。功德力气，恃而不恐者，惟先王之命乎！故养志（无）者忘形，养形（有）者忘利（思义），说以先民，民忘其（己）劳，说以犯难，民忘其（己）死。

任德第四十九

圣人无常心，以百姓心为心。善者吾善之，不善者吾亦善之，德善；信者吾信之，不信者吾亦信之，德信。圣人在天下怵怵，为天下浑其心，百姓皆注其耳目，圣人皆孩之。

正义 趣舍无定，谓之无常。心之官则思，实也、诚也、厚也、施也、度也、恕也，谓之心术。夫木为坚多心，故他人有心，予忖度之。躍躍毚兔，遇犬获之。

知常曰明，然晦淫惑疾，明淫心疾，一而不变，不知时也。民之彻官百，王公之子弟之质能言能听彻其官者，而物赐之姓，以监其官，是为百姓。百姓之心，木也。百川灌河，心烦虑乱，不知所以，故有百官总己以听冢宰，百度得数而有常。心能容，必自见，总己正心，作德焉。为心之法，作德心逸日休（于死，君子息，小人休），作伪心劳日拙。

天之生民，非为君也，益上；天之立君，以为民也，损下。百姓之心入于臣道，知事；圣人之心入于主道，知人。善学者尽其理，善行者究其难，忘之不易。善人者，不善人之师，吾善之；不善人者，善人之资，吾亦善之。德者道之舍，善败由己而不由人，己舍之。

往者屈也，来者信也。可欲之谓善，有诸己之谓信。持千岁之法，是乃千岁之信士矣，信人者也。信不足焉，有不信焉，不信人者也。信者有诸己，入于道，不信者力屈不足，贫焉。

夫礼者，忠信之薄，而乱之首。尽信书，则不如无书之谓也。其君能下人，必能信用其民矣，是故德善厚者流光，天；德信薄者流卑，下。

礼者，以财物为用，以贵贱为文，以多少为异。下臣事君以货，中臣事君以身，上臣事君以人。心怵而奉之以礼，上下皆称怵。怵迫之徒兮，或趋西东。趋者，趣之疾也。怵惕惟厉，中夜以兴，思免厥愆，怵然为戒，以去心疾。浑元运物，流不处兮，气形质具而未相离，予无所用天下为。多知而无亲，博学而无方，好多而无定者，君子不与。

归休乎君也。百姓注其耳目者，视其后者而鞭之。无入而藏，无出而阳，柴立其中央，知畏而取名焉。

孩提之童，无不知爱其亲者，及其长也，无不知敬其兄也。圣人之达生天下，求民之莫，惟亲民而已。

贵生第五十

出生入死。生之徒十有三，死之徒十有三，人之生，动之死地十有三。夫何故？以其生生之厚。盖闻善摄生者，陆行不遇兕虎，入军不被甲兵，兕无投其角，虎无所措其爪，兵无所容其刃。夫何故？以其无死地。

正义 诚不以富，亦祇以异。君子生非异也，善假于物也。先事后得，非崇德与？先事假物出生，后得非异入死。

礼者，谨于治生死者也。生事言忧，寄；死事言得，归。越十年生聚，而十年教训。修乡校，教生徒，攻其恶，无攻人之恶，非修慝与？胥十有二人，徒百有二十人，徒贫甚。利不百不变法，功不十不易器。徒见利下，货；胥建功中，身；人伦并处，同求而异道，同欲而异知，人敏德上，生，三才现矣。兼三才而两之，两之者生死也。

国家有难而不忧，非忠臣也。夫守节死难者，人臣之职也，辨惑。

烦气为虫，精气为人，是故精神，天之有也，而骨骸者，地之有也。何居乎？圣人法天顺情，万物失之者死，法之者生。或求之于外者，失之于内，有守之于内者，失之于外。圣人其生也天行，其死也物化。气越者，忧患入于内，心劳者，邪气袭于外，祸福虽如邱山而不识。动荡血脉，流通精神，耳目淫于声色之乐者，正心不和。

惑而无以节度，动心而弗能忍性；动静无常，刚柔无断，人之所以不能终其寿命，而中道夭于刑戮者，何也？以其生生之厚，曾益其能，为道而不为学，虽天下不足利也，尊势厚利，人之所贪也。

天长地久，地在久，死无葬身之地，何以物化？何以生养万物？故所求多者所得少，所见大者所知小。大业生祸，盛德生福。生生之谓易，贵货易土，失其根本。道在迩而求诸远，事在易而求诸难。易之厚者，事之厚也，功，器。

生之徒，始；死之徒，终。人之生动之死地，中。生生不息，息土之性也哉！反者道之动，中道之夭者，其知天命乎？虽曰货利，求同存异，诚。

力拔山兮气盖世，盖言气象。尔尚盖前人之愆，声闻于天，惟于道焉。善者，天人交也，摄衽抱几，视膳于堂下。朋友攸摄，摄以威仪。上而下，下而上，摄衣升堂，不书即位，善摄者也。生则假于物，多也，和气生焉。陆海者，木兴之象，鸿水也。用之则行，舍之则藏，遇人之不淑者，遇我厚矣。

虎兕出于柙，生刍一束，柙而藏之，遂生束缚而柙以予齐。木则枫柙橡樟，虽鸿水滔天，而无不尔或承，天保也。心之忧危，若蹈虎尾，涉于春冰，冰泮杀内，木之兴危故也。

古者，以军兴诛不从命者，今人自给甲兵，使视军兴。兴军之法也，得军兴之门而入者，入竟而问禁，入国而问俗，入门而问讳。卒哭乃讳。临祭不惰，轻惰之民，不游军市。其不中用，趣自避退。毋久妨贤，礼不讳嫌名，二名不遍讳者也。王于兴师，修我甲兵，与子偕行。胡簋（祀）、甲兵（戎）二名者也。国之大事，在祀与戎，甲令之兵，置其有司，不避讳（言戎）焉。

投我以桃，报之以李。探筹投钩者，所以为公也。男角女羁。宗庙之祭，尊者举觯，卑者举角。角其前，掎其后，驾犀首而骖马服，以与角逐。角，量也，聚力。角犀丰盈，而近顽童穷固，富不知足，人恶之矣，盖其无后也。虎视眈眈，其欲逐逐。心之忧危，若蹈虎尾，涉于春冰，虎尾霜降而生逆女。小臣爪足，国之爪牙，欲争天下，必举而措之，所与计事者，用心一也。

君子居则贵左，容民畜众，用兵则贵右。谁谓河广，曾不容刀，虽兄弟不能相容，一而不贰，有始无终。举而措之天下之民，谓之事业，贵货易土，事在易而求容与其心。何防焉，强梁者不得其死。

礼以多少为异，生动之心，活。太上，己能道，百倍。尊道贵德，好生之德。

养德第五十一

道生之，德畜之，物形之，势成之。是以万物莫不尊道而贵德。道之尊，德之贵，夫莫之命而常自然。故道生之，德畜之，长之育之，成之孰之，养之覆之。生而不有，为而不恃，长而不宰，是谓玄德。

正义　道千乘之国，敬事而信，节用而爱人，使民以时。君子道其常。道生之者，一也；德有上下，所处厚实。失道而后德，仰足以事父母之道，俯足以畜妻子之德，贰也。

以五云之物辨吉凶，在天成象，在地成形。众人贰之，诡夫弃之，形是诘（三者不可致诘）。形神离则死。致知在格物，物格而后致知。富在术数，不在劳身，利在势居，不在力耕也。虽势、位至尊，无依势作威，无倚法以削，宽而有制，从容以和。形势响应，根牙永固，形格势禁，成名（器）在形象。

法审则上尊而不侵，尊道一而贵生德，能尊、生，虽贵富不以养伤身，虽贫贱不以利累形，利身体，便形躯，养寿命，垂拱而天下治。

凡人未见圣，若不可见；既见圣，亦不克由圣。秩秩大猷，圣人莫之，下民惟草。鼓舞万物者，风雷乎？鼓舞万民者，号令乎？鼓之以雷霆，润之以风雨。复命曰常，功成事遂，百姓皆谓我自然。兴而复，抱阳而生，负阴而畜，父兮生我，母兮鞠我，苟得其养，无物不长。

浩浩者水，育育者鱼，恐鞠而渐。成在名器，孰在制用，教而化之。养生者不足以当大事，惟送死可以当大事，小人养生，君子养性。

天之所覆，地之所载，包裹覆露，无不囊怀，养气而覆翼天下，养德能为。

沐则心覆，心覆则图反。

归元第五十二

天下有始，以为天下母。既得其母，复知其子，既知其子，复守其母，没身不殆。塞其兑，闭其门，终身不勤。开其兑，济其事，终身不救。见小曰明，守柔日强。用其光，复归其明。无遗身殃，是谓习常。

正义 天下者，天人之合也。有始曰一，有终曰二，字之曰道（象元）。知其名也，日省月试，既廪称事，所以劝百工也。既者已往，果而已；复，尽爱之道也，遂（事）归复命。

母鞠者仪，贵食；子谅者礼，象先。知道而复，逆也，知来；知子之顺之，数往守道而顺乎天命，逆数，非易乎？凡厥庶民有猷、有为、有守，始、中、终耳！念之者久，其为气也，至大至刚，以直养而无害，则塞乎天地之间；兑则若莫邪之锋利，当之者溃。

公道通而私道塞，塞聪。乾坤其易之门邪，门庭而非户庭，闭目。闭目塞聪，爱精自保，时乃功，天道。法古则后于时，修今则塞乎势，时过然后学，则勤苦而难成。厥父母勤苦稼穑，政吏皆善，厥子乃不知稼穑之艰难，乃逸乃谚，无逸之!

物有本末，事有终始。夫易开物成务，冒天下之道，如斯而已者也。开聪睿知，得济，神武而不杀者夫，是以明于天之道，而察于民之故。是兴神物以前民用，凡民有丧，匍匐救之。多将熇熇，不可救药，见小知常。

伐叛，刑也，外事；柔服，德也，内事。慎尔出话，敬尔威仪，无不柔嘉，守柔自胜。思辑用光，弓矢斯张。观国之光以目，垂裕后昆者也。夫物芸芸，能光裕大德者，更姓改物，以创制天下，自显庸也，是谓星德。

目眇眇而遗注，有失先王之教，不知学问之大，哀乐失时，殃咎必至，不教民而用之，谓之殃民。岂余身之惮殃兮，恐皇舆之败绩，习常者，必教而用乎！

为学日益，为道日损。

益证第五十三

使我介然有知，行于大道，唯施是畏。大道甚夷，而民好径。朝甚除，田甚芜，仓甚虚，服文彩，带利剑，厌饮食，财货有余，是为盗夸，非道哉！

正义 使天命我用心，前乡高山，后介大河，于山径之蹊间，介然（若火之始然，介在其后矣）用之而成路。有善在身，介然必以自好也，有知者，善在身焉。

大道之行也，天下为公，选贤与能，讲信修睦，惟听入道。云行者品物，雨施者流形（神不灵也）。登而施，降而靡。

天明畏，自我民明畏。后生可畏，丧明焉，故所畏者施也。己所不欲，勿施于人，己之在道而不欲，勿施不明于人，是谓也。

大道以多歧亡羊，尤而效之，罪又甚焉。民之秉夷，好是懿德。未尝觉山谷之险，原隰之夷，视之一也，视之不见者，庸众而野，乱致也。径陵赴险，越壑厉水，险壑夷水，丧明一之道。

味爽而朝，易乱除邪，革正异俗，兆民反本，抱素怀朴。春见曰朝，始生发焉。甚则罪邪，乱致罪，甚致邪，弗除则芜。畇畇原隰，曾孙田之。野芜旷则民乃菅，上无量则民乃妄。哀众芳之芜秽，终芜绝兮异域。

虚者，万物之始也。天之道，虚其无形，若循虚而出入，则亦无能履也，是故孝子将祭，虑事不可以不豫。比时，具物不可以不备，虚中以治之，此去爱恶之心，用虚无、为本之法。

季春之月，命有司发仓廪，赐贫穷，振乏绝。大道者，朝、田、仓也，所夷者，除、芜、虚也。四十始仕，方物出谋发虑，道合则服从，不可则去。称其服，服苍玉。礼减而进，以进为文；乐盈而反，以反为文。于文，皿虫为蛊，武不可觌，文不可匿，学者所以防固辞，礼者所以文鄙行也。车同轨，书同文，行同伦。文胜质则史，彩以为仗。

前带河，后被山，左孟门而右漳釜。利出于一孔者，其国无敌，出二孔者，其兵不诎，出三孔者，不可以举兵，出四孔者，其国必亡。国之利器，不可以示人。夫吹管也，犹有嗃也，吹剑首者，吷而已矣。尧舜，人之所誉也，道尧舜于戴晋人之前，譬犹一吷也。

厌其源，开其渎，江河可竭。礼者，谨于吉凶不相厌者也，其厌也如绒。厌浥行露，岂不夙夜，谓行多露。凡公行告于宗庙，反行饮至舍爵策勋焉，礼也。饮食男女，人之大欲存焉；死亡贫苦，人之大恶存焉。故欲恶者，心之大端也。

君子谋道不谋食，一天下，财万物，务本节用财无极。有成德者，有达财者。政，一曰食，二曰货。日中为市，致天下之民，聚天下之货，交易而退。无使不足，亦无使有余。东烛仓海，西耀流沙，导弱水，至于合黎，余波入于流沙。千里之外，曰采、曰流。鸟觹色而沙鸣，凫鹥在沙，公尸来燕来宜。沙之太之，瓦石在后。窃货曰盗，君子信盗，乱是用暴，虽富有天下而不骋夸。言爽，日反其信，若是者信反！货悖而入者亦悖而出，反道悖德，无礼义也。

言爽，登降施靡。品物近几，流行德薄（德厚流光）。

修观第五十四

善建者不拔，善抱者不脱，子孙祭祀不辍。修之于身，其德乃真；修之于家，其德乃余；修之于乡，其德乃长；修之于国，其德乃丰；修之于天下，其德乃普。故以身观身，以家观家，以乡观乡，以国观国，以天下观天下。何以知天下然哉？以此。

正义 皇建其有极，建国军民，教学为先。建设朝（藩屏），确乎其不可拔（简），龙德而隐者也。圣人抱一以为天下式，肉阴骨阳。

凡礼，始乎脱，成乎文，终乎税。轻则寡谋，无礼则脱，失节。鱼不可脱于渊，国之利器不可以示人（示易示简）。尽人事，听天命，此所以隐者也。

凡祭，天子祭天地，诸侯祭社稷，大夫祭五祀。

辍涂殊轨，虽稷土不可覆实，失其极也。有不享，则修文。君子进德修业，欲齐其家者，先修其身，使真伪毋相乱，毋见利而忘其真，谨守而勿失，是谓反其真。

修正为笑，至忠为贼，虽欲无灭亡，得乎哉？家业千金，厚自奉养生，亡所不致。积善之家，必有余庆，然家臣而欲张公室，罪莫大焉，家言邪学不足为厚之故。

以乡三物（六德、六行、六艺）教万民，而宾兴之。君子之学也博，其行也乡。四时易乡则遇时不祥，礼仪不行，天下不治。苟得其养，无物不长，道长。

先神命之，国民信之，重礼所以为国本也。稻曰嘉蔬，韭曰丰本，丰者，大也。不为外内行（博学于文，约之以礼），不为丰约举。

见龙在田，德（登）施普也。海内乐业，大化普洽，好生之德洽于民心。大观在上，下观而化也。观于海者难为水，游于圣人之门者难为言，察言而观色，纠万民之德而劝之朋友，正其行而强之道艺，巡问而观察之。

大学之法，禁于未发之谓豫，当其可之谓时，不陵节而施之谓孙，相观而善之谓摩，此四者，教之所由兴也。身、家、乡、国、天下，言有序焉，何以知天下之然哉。德至矣哉，大矣。如天之无不帱也，如地之无不载也，虽甚盛德，其蔑以加于此矣，观止矣！修于次第而待其时，每观而止于至善。

君子进德修业，忠信所以进德，修辞立其诚，所以居业也。

玄符第五十五

含德之厚，比于赤子。毒虫不螫，猛兽不据，玃鸟不抟。骨弱筋柔而握固。未知牝牡之合而峻作，精之至也。终日号而不哑，和之至也。知和曰常，知常曰明，益生曰祥，心使气曰强。物壮则老，谓之不道，不道早已。

正义 含万物而化光，天含和而未降（靡），地怀气而未扬，施（登）实德于民者，德厚流光，积也。

太白白比狼，赤比心。比其大小，与其粗良，而赏罚之。旱既大甚，蕴隆虫虫，螫虫之动也，必以毒螫，物虽小而动人心。夫忧患之来撄人心也，非直蜂虿之螫毒，而蚊虻之惨怛也。

兽辨四足之名物，虎豹之皮，示服猛也。宽以济猛，猛以济宽，粗厉猛奋之音作而民刚毅。然动不顺时，民无据依，不知所力，各有离心。蜼玃飞蝠，四足之能飞者也。兽蹄鸟迹之道交于中国，天下未平之乱象。抟者以手，手上足下，所抟者，谍贼也，窃宝之徒。骨立者，衰毁神损。足之不良，弱于行焉。

水者，地之血气，如觔脉之流通者也。手如柔荑，柔服而委己者也。知有谓可而能断之。怀瑾握瑜兮，穷不知所示。奢则不孙，俭则固。诚之者，择善而固执之者也。弱不好弄者，好苛礼自用，不能听大度之言。牝牡者，符也，门关用符节也，合符乃授兵。峻作者，得其精而忘其粗，在其内而忘其外。

作一则力抟，力抟则强。粗者曰侵，精者曰伐，火气之精者为日，甚精必愚。自为人官，自蔽之精者也。终日而思，不如须臾之所学。推而强之，解朝服而幕之，号天而哭之。明于天人之分，而不离于真。先号咷而后笑，哑然而笑者，是非君人者之言也。震来虩虩，恐致福也，笑言哑哑，后有则也。震惊百里，惊远而惧迩也，则阳。其难其慎，唯和唯一，大道小道戮力。人之所以群居和一之理尽矣。复命知和，一守一至。

生，寄也；死，归也。何足以滑和，生也荣者，如水益深，如火益热，祥瑞显著，咎征不臻，吉凶辨焉。

心之官则思，尽心力而为之，后必有灾。惟辟作福，惟辟作威。使君建节衔命，以临四方。天地合气，万物自生。心使气者，犹身之使臂，臂之使指，莫不制从。此从外制中，取必于上之道也。已耳，强梁者不得其死。

玄德第五十六

知者不言，言者不知。塞其兑，闭其门，挫其锐，解其纷，和其光，同其尘，是谓玄同。故不可得而亲，亦不可得而疏；不可得而利，亦不可得而害；不可得而贵，亦不可得而贱，故为天下贵。

正义　夫人不言，言必有中，言之无文，行而不远之故也。诐辞知其所蔽，淫辞知其所陷，邪辞知其所离，遁辞知其所穷。

知学问之大者也，知方知道者，守而不言。然而其持之有故，其言之成理，足以欺惑愚众，是它嚣、魏牟也。言不及义，好行小慧，难矣哉！闭目塞聪，爱精自保，守常待复。虚而不盈，渊乎九重如不及者，风之不靡，雨之不溶。

夫玄黄者，天地之杂也，天玄而地黄。且夫天子之地一圻，列国一同。同声相应，同气相求，上下一也，同心同德，是谓玄同。

执玄德于心，而化驰若神。玄德声闻，乃命以位。事有适可，虽百世可知也，然养可能也。敬为难。利器便道，为之以时。心之官则思，思则得之，不思则不得也。官得其体，心身合也。治百官，亲万民，实府库。百官明德，万民亲之，府库充实而止于至善焉。

广大而静，疏达而信者，宜歌《大雅》。事以微巧成，以疏拙败。

立法术，设度数，所以利民萌，便众庶。利孔不可多开。君子之求利也略，其远害也早。去其害马，以绝利孔焉。大为之坊，民犹逾之。君子贵人而贱己，先人而后己，则民作让，贵禄而贱行，天性使然。

上酌民言，则下天上施，上不酌民言，则犯也，下不天上施，则乱也。故君子信让以莅百姓，则民之报礼重，此贵以贱为本之道也。

下安则贵上，先下后上，从实际出发，官爵劝民，始能官人。

淳风第五十七

以正治国，以奇用兵，以无事取天下。吾何以知其然哉？以此。天下多忌讳而民弥贫。民多利器，国家滋昏。人多伎巧，奇物滋起。法物滋彰，盗贼多有。故圣人云：我无为而民自化，我好静而民自正，我无事而民自富，我无欲而民自朴。

正义 诸侯与正不与贤也。黄帝正名百物，与明民共财。及唐虞始为天下，兴治化之流，澆淳散朴。重礼所以为国本也。以国法掌其政学，国治而后天下平。

君子用兵则贵右，凶事尚右，上将军居之。浮食奇民，欲擅管山海之货。用兵以去其淫怠与其奇邪之民，以治天下之礼也。

取天下常以无事。国之大事，在祀与戎。子孙祭祀不辍。守常修观。多见其不知量也，大桀小桀生焉。君子有终身之丧，忌惮生于内也。恐其伤败，讳莫如深，深则隐。

古为尊、亲、贤者立讳。示于外者也，恐犯忌而干讳，恤也。民为邦本，民生在勤，勤则不匮。君子当勤恤民隐，而除其害，恤贫焉。徒观水力之所到，则恤然足以骇矣。

岂弟君子，俾尔弥尔性。民弥贫者，在于性。贫而无谄，富而无骄，贫易谄。夫贤者，国家之器用也。阜其财求，而利其器用。不遇槃根错节，何以别利器乎？民多利器，人用则颇僻，民用僭忒。僭国多业。使吾水滋，滋蔓难图，昏于小利，惑于嗜欲者也。盘庚劝日，惰民自安，不昏作劳，不服田亩，越其罔有黍稷。

文明以止，人文也。观乎天文，以察时变，观乎人文，以化成天下。鹿斯之奔，维足伎伎，度权量能于下也。离娄之明，公输子之巧，不以规矩，不能成方圆。伎在度量，巧在规矩。

奇邪之民，淫怠之风生，百邪悉起杂物横生。生之有时，而用之亡度，则物力必屈，兵甲兴焉。传其常情，无传其溢言，则几乎全。嘉言孔彰，滋彰则失法度。儆戒有虞。盗贼公行，而夭厉不戒，其人，则盗贼也，其器，则奸兆也。君子信盗，乱是用暴。今之所谓良臣，古之所谓民贼也。

天下神器可奄而不可为也。为学日益而奄，为道日损而终不可得。道常无为，学也；而无不为，不自为道也。侯王若能守，万物将自化。我者，道之出口也，几近于道。

其风肆好。好问则裕，自用则小。仁者静，纯粹而不杂，静一而不变，惔而无为，动而以天行，此养神之道也。

困而不学，民斯为下矣，愚而好自用，贱而好自传。刑者，爱之自也。知不足，然后能反也。正行则民遗，曲行则道废。反归于正道。

有事重物有身，所以有大患者也，无事者去其业力，是故君子不自大其事。富有之谓大业，下富则上富，大人有大人之事，小人有小人之事，各司其职。无欲速，无见小利，欲速则不达，见小利则大事不成。国大民众，不淫于言，则民朴一。

顺化第五十八

其政闷闷，其民醇醇；其政察察，其民缺缺。祸兮福之所倚，福兮祸之所伏。孰知其极，其无正，正复为奇，善复为讶。人之迷其日固久。是以圣人方而不割，廉而不害，直而不肆，光而不曜。

正义 其动若水，其静若镜，其应若响。道之以政，齐之以刑。为政事庸力行务，以从四时。政事得其施。退而言之，修其教，不易其俗，齐其政，不易其宜。

俗人察察，我独闷闷。视之若昏，求民之莫。春醴惟醇，德行醇备，民得兴焉，响应。安能以身之察察，受物之汶汶者乎？安能胜天？王室缺者，登堂可也。入得门庭而不得入户，故侯、伯强国兴焉。慓悍祸贼，慓致祸也，速。全寿富贵之谓福。祸为德根，忧为福堂，根下，堂上。公朝于王所，指向。视其所以，观其所由，察其所安。

居倚庐，福居深，寝毋伏，伏事浅，恐惧伏地。天道福善祸淫。悠悠苍天，曷有其极。大不可及，深不可测。彼裕我民，无远用戾。以正治国，以奇用兵，重教去邪，奇正相生，如循环之无端，孰能穷之？

亲仁善邻，国之宝也，正。善日者王，善时者霸。天反时为灾，地反物为妖（妖，女用。訞，男用），民反德为乱。乱则妖灾生。营惑百姓，背畔宗庙，妄作妖言。人用侧颇僻，民用僭忒。

分其师众，人既迷茫，必其将亡之道。迷阳迷阳，无伤吾行。得小利而必伤于行，君子有攸往而难返。

夫固国者在亲众而善民，久视之道。圣人为学之道，智欲圆而行欲方，不使阴阳相割，而失其要旨。诸生在咸阳者，吾使人廉问，或为讹言，以乱黔首。器廉以深，割之不多，又何廉也？割行方之不足，以存清洁之智也。君子不以其所以养人者害人，其求利也略，其远害也早。

直（项、躬）绳则亏丧恩旧，挠情则违废禁典。其言曲而中，其事肆而隐。百工居肆，以成其事。其风肆好，申。光被四表。若能光裕大德，更姓改物，以创制天下，自显庸也。

日出有曜，风雨时，日月光。充实而有光辉之谓大。中心是悼，躬自悼矣。曜则有日无月、无星，至暴必返。七年曰悼，久矣！道之四性现。

夏虫不可语于冰。

守道第五十九

治人，事天，莫若啬。夫唯啬，是谓早服。早服谓之重积德。重积德则无不克，无不克则莫知其极，莫知其极则可以有国。有国之母，可以长久。是谓深根固蒂，长生久视之道。

正义 及唐虞始为天下，兴治化之流，澡淳散朴。惟天地万物父母，惟人万物之灵。人心惟危，道心惟微。物有本末，事有终始。治人者灵通本末。尽其心者，知其性也，知其性，则知天矣。天之苍苍，其正色邪？无为事任，无为知主。犄衅不构，料事物，察民俗。

吏啬夫任事，人啬夫任教。啬夫承命，服田力啬。莫春者，春服既成。先若夫。病未若死，终始之序。

夫君者舟也，人者水也。君存道实。人以动时。治人尤治水也。古圣先贤莫之，现世之夫啬之。男惟女俞，惟于道者以阳，听之。若农服田力穑，乃亦有秋，男也。得一善则拳拳服膺，而弗失之矣。此善者，先王早为之所也。孰非善而可服，有事弟子服其劳。服事取劳，服勤至死（不称其服，不留狱也），为之贯之，积重之，致好之者，君子之始也。

罪疑惟轻，功疑惟重。权然后知轻重。君子不重则不威。重，主道也。臣仪刑，不重辞。重人也者，无令而擅为，亏法以利私，耗国以便家，力能得其君，此所为重人也。

教顺施续，而知能流通，学不可已明矣，服习积贯之所致。有实其积，万亿乃秭。始学好也，克明俊德，以亲九族。德辅如毛，民鲜克举之。克者，彼竭我盈之象。克勤于邦，克俭于家。无好无恶，不忌不克之谓也。无好不忌，无恶不克，可以为仁矣，克己复礼。

莫我知也夫，好学近乎知。悠悠苍天，曷有其极。大不可及，深不可测。惟皇作极。事有适可，其所与游、辟也，可人也。始于斯，视其所以，各以其序。

丈夫生而愿为之有室，女子生而愿为之有家。重礼所以为国本也，以国法掌其政学。我今则已有谓矣，而未知吾所谓之果有谓乎？其果无谓乎？天下有道，则礼乐征伐自天子出。凡有道者，有德者，使教焉。天下有王，分地建国，置都立邑。

有名万物之母，长生久视。深则厉，就其深矣，方之舟之，根深则长生，言纵向。夫固国者在亲众而善邻。细故蒂芥，枝所系也，言横向。固蒂则久视，长久有序，韩非异也。

居位第六十

治大国若烹小鲜。以道莅天下，其鬼不神。非其鬼不神，其神不伤人。非其神不伤人，圣人亦不伤。夫两不相伤，故德交归焉。

正义　先若夫。天下之生久矣，一治一乱，以正治国。虞唐始为天下，兴治化之流，国治而后天下平。

至大无外，谓之大一，至小无内，谓之小一。夫礼必本于大一。和如羹焉，水、火、醯、醢、盐、梅以烹鱼肉，燀之以薪。宰夫和之，齐之以味。先王之济无味和五声也，以平其心，成其政也。

和与同异也。与我无礼，衣服常鲜于我，小别大，礼迁也。故鲜民之生，不如死之久矣，日益。苟无忠信之人，则礼不虚道。班朝治军，莅官行法，非礼，威严不行。若夫坐，如尸；立，如齐；礼，从宜；使，从俗。道不可莅而效，同而不和，时异也。

天佑下民，龟为卜，策为筮。卜策者，先圣王之所以使民信时日、敬鬼神、畏法令也，所以使民决嫌疑、定犹与也。阴阳不测之谓神，鬼不神者，筮不灵也。

矢人唯恐不伤人，函人唯恐伤人。函之如海。不仁不智，无礼无义，人役也。道合志同，玄谟神通，是谓正。人伤尧以不慈之名，伤在名也。大而化之之谓圣，圣而不可知之之谓神，可遇而不以目视。

圣人作而万物睹，作。夫大人者，与天地合其德，与日月合其名，与四时合其序，与鬼神合其吉凶。先天而天弗违（当其时也，合和），后天而奉天时。

首出庶物，万国咸宁，制作为政，思闻所欲施行，以安海内。先君何罪，其嗣亦何罪？予亦拙谋，作乃逸。圣从先王，无留狱。桀德惟乃弗作往任，是惟暴德，罔后，亦越成汤陟，丕厘上帝之耿命，帝钦罚之。凡周之士，不显亦世，显先王，合其道，同其志。

邪与正相伤，欲与性相害，不可两立，两下相杀，不志乎春秋，此其志何也？言志。德者，道之舍。汝克黜乃心，施实德于民。敏德以为行本。德厚者流光，德薄者流卑。天地交而万物通也，上下交而其声同也，二仪交构，乃生万物。

反其性情而复其初，天下同归而殊涂，兴天下同利，除天下同害，天下归之，否之，则世丧道矣，道丧世矣，世与道交相丧也，非桀而何？

谦德第六十一

大国者下流，天下之交，天下之牝。牝常以静胜牡，以静为下。故大国以下小国，则取小国；小国以下大国，则取大国。故或下以取，或下而取。大国不过欲兼畜人，小国不过欲入事人。夫两者各得其所，欲大者宜为下。

正义 兴大一之国之治化之流，和而无外。数者，臣主之术而国之要也。事智者众则法败，用力者寡则国贫。若升高，必自下。千里之外，曰采、曰流。地气上升，天气下降。下流者，无外之国、卑远之地也。有夏桀弗克若天，流毒下国，天乃佑命成汤降黜夏命。

莅道自伐，不随时变之谓也。天地交而万物通也，上下交而其声同也。四海会同，六府孔修，庶士交正，慎底财赋。

牝鸡无晨，牝鸡之晨，惟家之索。大者谓之索，小者谓之绳。出林者不得直道，索；行险者不得履绳，小而实。晨者，晨门也。当其无，有室之用。故牧誓言：商王受，惟妇言是用，牝同性交之谓也，牝。

得其精而忘其粗，在其内而忘其外。明法审数，立常备能，则治。仁者静，纯粹而不杂，静一而不变，惔而无为，动而以天行，此养神之道也，内外一也。言不胜其任，凶。文质彬彬。有鹭雉鸣，雉鸣求其牡。求者，童蒙求我。雉鸣，童蒙也。牡者，我也。

人主之道，静退以为宝，不自操事而知拙与巧，不自计虑而知福与咎。与己同则应，不与己同则反。同于己为是之，异于己为非之。为学日益，为道日损。不为主，不为大，忘知任成，故能取天下，成其大。

获者取左，取伤廉。坤作墜势，高下九则。视民不恌，君子是则是效。流毒下国，以左流于下，风化之。君子上达，小人下达。欲以己礼取下国之礼焉？下以，取之以序；下而，学之以时（习）。过犹不及，不过则与。

君子贤而能容罢，知而能容愚，博而能容浅，粹而能容杂，夫是之谓兼术。并之也，改土归流。

获罪于两君，天下谁畜之？农工商贾畜长，固求富益货也，固蒂，视。兼并以蒂。学古入官，议事以制，政乃不迷，然后制国用，量入为出。蒙、满入流者也。兼并、入流皆可制礼，主。为下者不过以其礼之纯朴静笃，而取主位者也。制礼齐政者大（游戏规则之制定者，类），其畜散而无育，则小国取大国。

下流者，深也，入而化之，归根。

为道第六十二

道者万物之奥，善人之宝，不善人之所保。美言可以市，尊行可以加人。人之不善，何弃之有？故立天子，置三公，虽有拱璧以先驷马，不如坐进此道。古之所以贵此道者，何不日以求得，有罪以免邪？故为天下贵。

正义 经堂入奥。窥其门，不入其中，安知其奥藏之所在乎？国有奥主。亲仁善邻，国之宝也，交。善有始终，善亦可贾而沽。以善颂善祷显。不宝远物，则远人格，所宝惟贤，则迩人安。圣人之大宝曰位，何以守位曰仁。视其所以，观其所由，察其所安。所在用贤安迩。

事神保民，保民而王，莫之能御也。有不虞之誉，有求全之毁。不善人求全而毁。人与天调，然后天地之美生。美政之盛，得众动天，美意延年。

言之无文，行而不远。听其言而观其行，言用听。夫人不言，言必有中，与行合也。

日中为市，致天下之民，聚天下之货，交易而退，各得其所。同恶相求，如市贾焉。夫天下以市道交。君有势，我则从君，君无势，则去，此固其理也，蒂。

法审则上尊而不侵，侵则实不用其命。能尊生，虽贵富不以养伤身，虽贫贱不以利累形。尊严而惮，可以为师。言之无文，行而不远。疑行无成，疑事无功。法审言文。

我不欲人之加诸我也，吾亦欲无加诸人。惟人万物之灵。君者，舟也，阳；人者，水也，阴。加人者，留今自伐，我道疑也。

春者何？岁之始也。何居？我未之前闻也。刑人于市，与众弃之。形而下。夫欲免为形者，莫如弃世，弃世则无累，达生。故舜视弃天下犹弃敝蹝也，存道而弃成说之谓也。

立人，象人立也，或曰阳门。立其社稷，立道之门也。仍重形式，而在道之门外。君天下曰天子，天下之阳也。亦以矛形象之

覆杯水于坳堂之上，则芥为之舟。置杯焉则胶，水浅而舟大也。东西交葛，南北峥嵘。尧无胶漆之约于当世而道行，舜无置锥之地于后世而德洁。反辞，胶，固阳也。德之流行，速于置邮而传命。三公之职，传天子之命也，邮。杯水者，虚也。

虽有明君能决之，又能塞之。拱把之桐梓，尔墓之木拱矣，向死。肉倍好谓之璧。爵用玉盏仍雕，饰弥多也。

古之王者，建国军民，教学为先。死亡谓之先，且留名矣。驷见而陨霜，霜降逆女。为胜者立马。陨越于下，以遗天子羞，后越先也。驷马越之在先，后与驷马争先，故道疑，伤。伤未及死，如何勿重，若爱重伤，则如勿伤。古者大臣有坐不廉而废者，不曰不廉，曰簠簋不饰，无壁。

瞻彼阕者，虚室生白，吉祥止止，夫且不止，是之谓坐驰。竭聪明，进智力，进学此有，进学之道也。下安则贵上，凡国之贵游子弟学焉。匪我求童蒙，童蒙求我，求则得之。世德作求。嗟嗟保介，维莫之春，亦又何求，得春，近始，道显。

废法纵罪，非忠也，将侵上也。罪疑惟轻，功疑惟重，与其杀不辜，宁失不经。民为贵，社稷次之，君为轻。贵重从下，贵货。长贵幼贱。临财毋苟得，临难毋苟免。为道日损，退而求其次，其尤可贵而易，德。

不显不承。

恩始第六十三

为无为，事无事，味无味。大小多少。报怨以德。图难于其易，为大于其细。天下难事必作于易，天下大事必作于细。是以圣人终不为大，故能成其大。夫轻诺必寡信，多易必多难。是以圣人犹难之，故终无难。

正 义 作结绳而为罔罟，以佃以渔，为力；道常无为，而无不为，为道常，奄神器，不为主，不为大，与时偕进，学而致成，守字诀。

古之欲正世调天下者，必先观国政、料事物、察民俗。物有本末，事有终始。力耕耘，事五谷，无为事任，无为知主，事死生而归于道焉；食不二味，坐不重席。道之出口，淡乎其无味。视、听、抟皆得不字。

审棺椁之厚薄，茔丘垄之大小，多见其不知量也，言量；少之时血气未定，言气与时。报而罪之，上天报况，符瑞并应。

闻夏暑雨，小民惟曰怨咨。冬祁寒，小民亦惟曰怨咨；不怨天，不尤人，下学而上达。尤而效之，罪又甚焉，且出怨言，不食其食。怨恶未见，而明弃之，未尽厚也。有道之君，外无怨仇于邻敌，而内有德泽于人民。小民可怨，君子无怨，所报者，其惟小民耳。报向下而内。

河出图，阳，洛出书，阴。入则与王图议国事，以出号令。调人掌司万民之难而谐和之。君子以俭德辟难，济之以免众叛亲离。事在易而求诸难。君子居易以俟命，小人行险以徼幸。易则用车，险则用骑。诸侯之来求辱敝邑者，易则易，于则于，易于杂者，未之有也。兵对兵，将对将。

为川者决之使导，为民者宣之使言。为罔以佃，结，为罟以渔，绳，不可不慎。上古结绳而治，后世圣人易之以书契。衣有襘，带有节——视不过结襘之中，所以道容貌也。带之正辞也。罔性游淫，以佃者，虚与实合，谓之结。岂不怀归，畏此罪罟，绳愆纠谬，格其非心，所为者，匡其不及于道。

若夫不在于绳准之中，可以平直者，此不共之术也。绳在术，以实约。形而上者其念一；形而下者，彼以其富，我以吾仁，彼以其爵，我以吾义，吾以仁义而贱富爵。君子之爱人也以德，细人之爱人也以姑息。不矜细行，终累大德。难事俭德图议，大事矜细结绳。

其言之不怍，则为之也难。天地之大德曰生，而大德必得其位。圣人为始生，终不为大，所以成焉，说。君为轻，轻而无礼，必败。父命乎，唯而不诺。听而吸取其教训。败事，谁肯再为。必诺之言，不足信也，其将犯约。

独学而无友，则孤陋而寡闻。往者屈也，来者信也。可欲之谓善，有诸己之谓信，己从而有之于来者，其复我于败者乎？安能以身之察察，受物之汶汶者乎。

易则多阳礼而居，或多难以固其国，启其疆土，或无难以丧其国，失其守宇。犹然如将可及者，君子也。柔远能迩惇德允元，而难任人，蛮夷率服，难可任人，称其服，终无难。

守微第六十四

其安易持，其未兆易谋，其脆易破，其微易散。为之于未有，治之于未乱。合抱之木，生于毫末；九层之台，起于累土；千里之行，始于足下。为者败之，执者失之。圣人无为故无败，无执故无

正义 念一曰其。君子深造之以道，欲其自得之也，自得之，则居之安。然而，怀与安，实败名。

尔还而入，我心易也，尔还而不入，否难知也。持而盈之，不如其已。持养以待后有所循。臣谓君之入也，其知之矣，若犹未也，又将及难。人固未易知，知人亦未易也。及年岁之未晏兮，时亦犹其未央。天气始下，地气始上——缤纷茏苁，欲与物接，而未成兆朕。有始而时不至接也，间。

贪必谋人，谋人，人亦谋己。简法禁而务谋虑，荒封内而待交援者，可亡也，风俗脆薄。语小，天下莫能破焉，微。事之破砀，而后有舞仁义者，弗能复也。破碎大道，无所归也。

丰于肉，微于骨，中坚。为人巧慧习事，能探得人主微旨，以下探上得实曰微。遵彼微行。有以大为贵者——有以小为贵者，宗庙之祭，贵者献以爵，贱者献以散，尊者举觯，卑者举角。致齐于内，散齐于外。风以散之，散落风俗。道不同不相为谋。有蕡其实。谋于未有实也。

失。民之从事，常于几成而败之，慎终如始，则无败事。是以圣人欲不欲，不贵难得之货；学不学，复众人之所过，以辅万物之自然，而不敢为。

及唐虞始为天下，兴治化之流，澡淳散朴。敢有侮圣言、逆忠直、远者德、比顽童，时谓乱风。合于时宜，辞尊居卑辞富居贫，恶乎宜乎？

抱关击柝。少则得，多则惑，是以圣人抱一以为天下式。为巨室，则必使工师求大木，重门击柝，以待暴客，启道之门也。

事生谋，谋生计，生生之谓易。明足以察秋毫之末，见素者也。上不能好其人，下不能隆礼——则末世穷年，不免为陋儒而已。末学肤受，贵耳而贱目者也，夷。

乾元用九，天下治也。层城，天庭也。经始灵台，经之营之。南山有台，台门而旅树。家不宝龟，不藏圭，不台门。起色。层楼累榭，临高山些。致至而危，累棋是也，将倾。

曷为以水地？河曲疏矣，河千里而一曲也。言之无文，行而不远。遵彼微行。始吾于人也，听其言而信其行，今吾于人也，听其言而观其行。恐伤先王之时，有害足下之义。河行始于高义。

圣人无为，去甚去奢去泰，故无败无失。困而不学，民斯为下矣。民可近，不可下。民为邦本，本固邦宁。偕偕士子，朝夕从事。王事靡盬，忧我父母。从事于道学也。明法审数，立常备能，则治。常人安于故俗，道则高矣美矣，宜若登天然，似不可及也，何不使彼为可几及，而日孳孳也。谋于长者，必操几杖以从之。几几，偕也，一、二、三之数俱在也。愚者暗于成事。

夫儒者难与进取，可与守成。竖儒，几败而公事，学而不时也，致败。无安厥位，惟危，慎终于始。审问法数，慎思时易，则无败事。

先王之孝也，色不忘乎目，声不绝于耳，心志嗜欲不忘乎心。祭不欲数，数则烦，烦则不敬。祭不欲疏，疏则怠，怠则忘。文王之祭也，事死者如事生，思死者如不欲生。无欲速，无见小利。

难得之货令人行妨。天下之贵，不可得也。学而不思则罔，思而不学则殆。不时不食，割不正不食，不得其酱不食。复，尽爱之道也。行所过毋有复作，复过命，过犹不及。

万物并作，吾以观其复。功成事遂，百姓皆谓我自然。辅赞大业，成先帝之志，尔尚辅予一人之谓也。予欲宣力四方，汝为。谁敢不让，敢不敬应。敢辱高位，以速官谤。不敢以取强，为而不恃。

淳德第六十五

古之善为道者，非以明民，将以愚之。民之难治，以其智多。以智治国，国之贼；不以智治国，国之福。知此两者亦楷式。常知楷式，是谓玄德。玄德深矣远矣，与物反矣，乃至于大顺。

正义 道者，万物之奥，善人之宝。量力而动，其过鲜矣。善败由己，而由人乎哉？善始善终。君臣去忠而事私，百姓怨非而不用，贤良退处而隐逃，此其所以丧九牧之地，而虚宗庙之国也。

饰邪说，文奸言，以枭乱天下，使天下混然不知是非治乱之所存者。纵性情，安恣睢，禽兽行，不足以合文通治，然而其持之有故，其言之成理，足以欺惑愚众——不足以合大众，明大分——不足以容辨异，县君臣。奸事、奸心、奸说，圣王禁之。行辟而坚，饰非而好玩奸而泽，言辩而逆，古之大禁也。

视其所以。何其久也，必有以也。譬称以喻之，分别以明之，明大分。日就月将，吾宁悃悃款款朴以忠乎，将送往劳来斯无穷乎，久也。泥行媚于内而施赂于外，愚弄其民。内称愚，外称弄。王者以民为天，而民以食为天。民有好恶喜怒哀乐，财匮力尽之时，民不聊生，众叛亲离，难以济矣。治世不一道，天下之生久矣，一治一乱。横向偏离。

心欲小而志欲大，智欲圆而行欲方。人主覆之以德，不行其智，而因万人之所利。任天下之智力，以道御之，无所不可。多见其不知量也。量入以为出，量多法重失分，无出。

今之事君者曰："我能为君辟土地，充府库。"今之所谓良臣，古之所谓民贼也。当以正治国，因万人之所利，虽有智慧，不如乘势，得全寿富贵。行有进退，而力不能两也。邪与正相伤，欲与性相害，不可两立。是非进退可以和之，而休乎天钧，两仪大极之谓也。今世行之，后世以为楷，为天下式。常德不忒，复归于无极。

知者不言，言者不知。亲疏、利害、贵贱皆不可得。明白四达，能无知，知常曰明而容，见小，能为玄德。深则厉，大曰逝，逝曰远，远曰反。顾乃德，远乃猷，寄远祖之思也。人无远虑必有近忧，所欲，与之聚之，非天下之至精，其孰能与于此。与己同则应，不与己同则反。失之己，反之人，岂不愚乎哉！

乐至则无怨，礼至则不争，法令至行。一天下，振毫末，使天下莫不顺比从服遏恶扬善，顺天休命，克顺克比。

善复为讹，讹怪狡猾之人矣。

后己第六十六

江海所以能为百谷王者，以其善下之，故能为百谷王。是以圣人欲上民，必以言下之。欲先民，必以身后之。是以圣人处上而民不重，处前而民不害。是以天下乐推而不厌，以其不争，故天下莫能与之争。

正义 屈原既放，游于江潭，行吟泽畔。或倚夷门而笑，或横江潭而渔。方行天下，至于海表，海物唯错。帝光天之下，至于海隅苍生。视其所以。公朝于王所。引而申之，触类而长之，天下之能事毕矣。

柔远能迩，以定我王。作结绳而为罔罟，以佃以渔，汝后稷，播时百谷。秋水时至，百川灌河，百川派别，归海而会。百谷用成。王用化，不钓利。是境内之民，其言谈者必轨于法，动作者归之于功，为勇者尽之于军，是故无事则国富，有事则兵强，此之谓王资。无偏无党，王道荡荡。各以其序。视其所以。言有序，以岁时序其祭祀。

齐楚之交善。王如善之，则何为不行。不耻下交，有以也。好学下士，以言交流。虫，雄鸣于上风，雌应于下风而风化。欲卑身而下体兮，心隐恻而不置。虽是短板，王者不弃。知若升高，必自下之故也。

古之王者数下诏，岁劝民。诏者，王言也。工欲善其事，必先利其器。圣人所欲者，工也。欲速则不达，见小利则大事不成。唯上知与下愚不移。上善若水，水善利万物而不争。尊君亲上，然后兴学。困而不学，民斯为下矣。知善兴学谓之上，毒害离走谓之下，指位。

夫达也者，质直而好义，察言而观色，虑以下人。见必然之政，立必胜之罚，故民知所必就，而知所必去。言难约，以行劝。交流淳化，待时易俗。先民有言，询于刍荛。古之王者，建国军民，教学为先。先天而天弗违，后天而奉天时，使先知觉后知，使先觉觉后觉也。

首身离兮心不惩，上下之合也。士厉身立名者多，身入世也。圣人以身体之，力行近乎仁。言，身之文也，身将隐，焉用文之。代终之规，启机于身后。身入世践，得善以劝民利。首身合而上下达也。

不仁者，不可以久处约，常也。权，然后知轻重。君子不重则不威。礼与食孰重？曰：礼重。臣仪刑，不重辞，知礼之谓也。重，主道也，民不僭焉。事发相重，岂不危哉。

伯也执殳，为主前驱。至诚之道，可以前知。其身亲为夫差前马。夫岂无辟王，赖前哲以免也。謇吾法夫前修兮，非世俗之所服，非其时也。

君子不以其所以养人者害人，夫为天下者，亦奚以异乎牧马者哉，亦去其害马者而已矣。君子修身，求利也略，其远害也早。法令既明，士卒安难乐死。乐天知命，故不忧。

圣人不凝滞于物，而能与世推移。我学不厌而教不倦也。礼者，谨于吉凶不相厌者也。天下莫与汝争能，争在能。民知争端矣，将弃礼而争于书，无征不信者也。其不争者，念一定也。推此志也，虽与日月争光可也。在天者，莫明于日月。秩秩大猷，圣人莫之。

三宝第六十七

天下皆谓我大，似不肖。夫唯大，故似不肖。若肖久矣。其细。夫我有三宝，持而宝之。一曰慈，二曰俭，三曰不敢为天下先。慈故能勇，俭故能广，不敢为天下先，故能成器长。今舍慈且勇，舍俭且广，舍后且先，死矣。夫慈，以战则胜，以守则固。天将救之，以慈卫之。

正义 降福孔皆，国人皆喜。亡国之主不自以为惑。臣谓君之入也，其知之矣。我，道之出口也。至大无外，谓之大一。至小无内，谓之小一。夫礼必本于大一。大人哉舜，南面而立万物备。

屡之相似。天下之足同也。似类之事，人主之所以失诛，而大臣之所以成和也。孔子恶似而非者，恶莠，恐其乱苗也。不似其先，故曰不肖也。

内无怨女，外无旷夫，内外指向。男唯，女俞。与其进也，不与其退也。唯何甚。看若惟命是从，实只进不退。唯大之象似不肖。惴耎之虫，肖翘之物，莫不失其性。先若夫，可久视，其念一。图难于其易，为大于其细。不矜细行，终累大德。君子之爱人也以德，细人之爱人也以姑息。易养奸，当节之。

不宝远物，则远人格。所宝惟贤，则迩人安。圣人之大宝曰位，何以守位曰仁。守正持重。持而盈之，不如其已。此业壹定，世世常安，而后有所持循矣。先有用而，学之，表因，所述者果而已。

曰若稽古帝尧，稽古。慈仁殷勤，诚加于心，不可以虚辞借也。适身行义，俭约恭敬。天地所以能长且久者，以其不自生。圣人效天地之法，后其身而身先，以此成其私。为者败之，故不敢为。

开久坟，发故屋，辟故窌，以假贷。善贷。上多故则下多诈。柔远能迩，以定我王。言近。可申可长，天下之能事毕矣。

勇者不惧，突怒而无畏。怯夫操利剑，击则不能断，刺则不能入，及至勇武攘卷一捣，则折胁伤干。晋公子广而俭，文而有礼。古者以大武摇其本，以广文安其嗣。人主胡不广焉。无恤亲疏，无偏贵贱，唯诚能之求。师出过时兹谓广，国之利器不可以示人之谓也。有成时易。大器晚成。

形而上者谓之道，形而下者谓之器。夫贤者，国家之器用也。废奢长俭，君子道长，长我育我，得养也。今者，吉时过也。有知之属，莫不知爱其类。今是大鸟兽，则失丧其群匹，越月逾时焉，则必反巡。吉七今三，渐失之象，将有乱。驽马十驾，功在不舍，舍则无功焉，民舍本而事末则不令，且以喜乐。

形若槁骸，心若死灰。臣诚愚，触忌讳，死罪死罪。拘于俗，违于天。以保息六养万民。慈恩含忍，不致之于理，使得全完，保育性命。恭肃小心，动有法度，承事阴后，夙夜战兢。两者战于胸中，未知胜负，上。胜而不美，战胜以丧礼处之，下。天子恭让，群臣守义。敬所以承命也，恪所以守业也。笃信好学，守死善道，其有内辅，可参听断。固蒂久视。

凡民有丧，匍匐救之，救恤穷乏，肃将天威。礼者，世俗之所为也。真者，所以受于天也，自然不可易也。

鸟须羽而飞，矢须羽而前。齐人曰卫，所以导卫矢也，导。

配天第六十八

善为士者不武，善战者不怒，善胜战者不与，善用人者为下，是谓不争之德，是谓用人之力，是谓配天，古之极。

正义 善日者王，善时者霸。王如善之，则何为不行。士农工商，四民有业。学以居位曰士。为民者宣之使言，为人子不可不慎也哉。时政平则文德用，而武略之士无所奋其力能。虽有文事，必有武备。

恭肃小心，动有法度，承事阴后，夙夜战兢。始终也。若不可教，而后怒之。怒则飞、冲。多算胜。善人为邦百年，亦可以胜残去杀矣。其言胜任。

与伤惠。暴虎冯河，死而无悔者，吾不与也。选贤与能。非天下之至精，其孰能与于此。用之则行，舍之则藏。用命，赏于祖，弗用命，戮于社。夫君者，舟也。人者，水也。惟天地万物父母，惟人万物之灵。今君疾病，为诸侯忧，君上臣下，为下忧也。好学下士，知若升高，必自下之故也。

天下莫与汝争能，不争长能，不现争端，民知争端，将弃礼而争于书。好学近乎知，力行近乎仁。永思所以奉至尊、章洪业，皆在力本任贤。本能，其可拔山。

凡有血气者，莫不尊亲，故曰配天。博厚、所以载物也，高明、所以覆物也，悠久、所以成物也。博厚配地，高明配天，悠久无疆。如此者，不见而章，不动而变，无为而成。天地之道，可一言而尽也。

夫古今异俗，新故异备。别求闻由先哲王，用康保民。引日月以指极兮。惟皇作极。

玄用第六十九

用兵有言："吾不敢为主，而为客；不敢进寸，而退尺。"是谓行无行，攘无臂，仍无敌，执无兵。祸莫大于轻敌，轻敌几丧吾宝。故抗兵相加，哀者胜矣。

正义 用兵贵右，不得已而用之。言者所以在意，得意而忘言。知者不言，言者不知。万物恃道而生，而不辞。功成不名有，道爱养万物而不为主。

吾，初始，主攻，有厚薄。吾道东，有所从。

夫圣人随时以行，是谓守时。天时不作，弗为人客。人事不起，弗为之始。若逆，将妨国靡躬。

回旋进退，莫不中节。君子进德修业，忠信所以进德，修辞立其诚所以居业也。知至至之，可与言几也。知终终之，可与存义也。是故居上位而不骄，在下位而不忧。圣人不贵尺之璧，而重寸之阴。时难得而易失也。

车乘进用不饶，君子恭敬撙节退让以明礼。吾救主于车，退敌于下，上进以学，下退以力。

言之无文，行而不远。尺蠖之屈，以求信也。疑行无成，疑事无功。君子以成德为行。日可见之行也。隐而未见，行而未成，是以君子弗用也。君子学以聚之、问以辩之、宽以居之、仁以行之。家贫无行，不得推择为吏。

今有人于此，屑然藏千溢之宝，虽行贷而食，人谓之富矣。行无行者，仁贫。正臣端其操行兮，反离谤而见攘。奸宄奇攘矫虔，攘无臂者失阳。

仍旧贯，如之何。何必改作。舅姑若使介妇，毋使敌耦于冢妇。仍无敌者失其先。诚之者，择善而固执之者也。惟精惟一，允执厥中。业贯万世而不壅，横扃四方而不穷，禽兽昆虫与之陶化，又况于执法施令乎？

左手执籥，右手秉翟。执一无失，行微无怠。用兵以去其淫怠与其奇邪之民，以治天下之礼也。执无兵者，失久视之固。祸生有胎，慓悍祸贼。慓致祸，悍致贼，疾速强暴之谓也。轻诺寡信，无礼必败。

介妇之作，其将留狱乎？存己失先，何益之有。不宝远物，则远人格。所宝惟贤，则迩人安。圣人之大宝曰位，何以守位曰仁。吾宝者，先元也。

以丧礼哀死亡。天之将丧斯文也，后死者不得与于斯文也。歌者，上如抗，下如队。溺者不可以为抗。今足下反天性，弃冠带，欲以区区之越与天子抗衡为敌，祸且及身矣。抗兵者，失固而后论。

掌九仪之宾客摈相之礼，宾出曰摈，客入曰相。我不欲人之加诸我也，吾亦欲无加诸人。同世不想加，何敢加诸先？

有妇人哭于墓者而哀。声哀哀而怀高丘兮，心愁愁而思旧邦。哀者怀素抱朴，死而不亡。言胜其任也，文质彬彬，永传先王之道于后世焉。

知难第七十

吾言甚易知，甚易行。天下莫能知，莫能行。言有宗，事有君。夫唯无知，是以不我知。知我者希，则我者贵。是以圣人被褐怀玉。

正义 言之无文，行而不远。夫人不言，言必有中。初既与余成言兮，后悔遁而有他。言者所以在意，得意而忘言。言中成文，有他则悔遁失意，必成讼乎？故听其言而观其行，言而有信，谓之学矣。

尤而效之，罪又甚焉。甚雨不灵，险。君子居易以俟命，小人行险以徼幸。易则用车，险则用骑。君子思礼以修身，则怠惰慢易之节不至。车显安怠，骑显险甚。好学近乎知，颂其诗，读其书，不知其人可乎？是以论其世也。车马有行色，车易马甚，得微之状，遵彼微行。莫者，初兴之貌，其色明晞。引而申之，触类而长之，天下之能事毕矣，其色黄。柔远能迩，以定我王。能近取譬，可谓仁之方也已，学之。近者说，远者来，言有物而行有格也，事在易者也，求之。

秩秩大猷，圣人莫之。顾乃德，远乃猷，求诸难者也。以天为法，以德为行，以道为宗。君，至尊也，齐政。古之欲正世调天下者，必先观国政，料事务，察民俗，学文言，求能事。现世唯于道，遵道。无为名尸，无为谋府，无为事任，无为知主，体尽无穷，而游无朕，尽其所受于天，而无见得。亦虚而已，至人之用心若镜，不将不迎，应而不藏，故能胜物而不伤。

莫我知也夫，从难。不怨天，不尤人，下学而上达，知我者其天乎！听之不闻名曰希，伯夷、叔齐不念旧恶，怨是用希，得阴礼之教焉，去甚。知者不言，言者不知，有典有则，坤作坠势，高下九则，君子是则是效。贵在不可得，贵德。

乃祖吾离被苫盖，蒙荆棘以来归我先君，其徒数十人，皆衣裼、捆屦、织席以为食。寒贱粗鄙之象，外显。迈种德，徒；行役德，役。怀远以德。怀瑾握瑜兮，穷不知所示，礼云礼云，玉帛云乎哉？养内！

知病第七十一

知不知上，不知知病。夫唯病病，是以不病。圣人不病，以其病病，是以不病。

正义 君子知微知彰，知柔知刚，万夫之望。颜氏之子，其殆庶几乎？有不善，未尝不知，知之，未尝复行也。君子上交不谄，下交不渎，其知几乎？

何谓知言，曰：诐辞知其所蔽，淫辞知其所陷，邪辞知其所离，遁辞知其所穷。颂其诗，读其书，不知其人可乎？是以论其世也，以者，莒，人事相合也。知而守，言致一而胜其任也，语成器而动者也。朴一、尊君亲上，然后兴学。治天下者，审所上而已，形而上之谓也。上下未形，何由考之？

太上有立德，其次有立功，其次有立言，虽久不废，此之谓不朽。不轨之物，谓之乱政，不善知者，取不当，不可立，不成而死矣。

病不得其众也。病在得众与否。疾病，外内皆埽，革。革易前敝，求民病利。尝，谙食性，试言之。险阻艰难，备尝之矣。病病者无知，不病者不我知。尽其所受于天而无见得。德生而衍于无形。若升高，必自下。病病者下，不病者上。必诺之言，不足信也。深念远虑兮，胜乃可必。隐显默语，无所必固，时止则止，时行则行。

何其久也，必有以也。学而尝试，视成建言，得众久固之道现矣。是以不病。

爱己第七十二

民不畏威，大威至矣。无狭其所居，无厌其所生。夫唯不厌，是以不厌。是以圣人自知不自见，自爱不自贵，故去彼取此。

正义 民为邦本。民生在勤，勤则不匮。勿夺民时，则百姓富，三时不害而民和年丰也。畏天之威，于时保之。保重在时。明主之表易见，故约立，其教易知，故言用，其法易为，故令行。三者（时也）立而上无私心，则下得循法而治。望表而动，随绳而斫，因攒而缝，如此则上无私威之毒，而下无愚拙之诛。故上君明而少怒，下尽忠而少罪。

天明畏，自我民明畏。畏而爱之，曲而达之。夫畏涂者，十杀一人，则父子兄弟相戒也。必盛卒徒而后敢出焉。不畏强御，当畏天威。天时坠兮威灵怒，严杀尽兮弃原野。不知逆顺之理，小大至不至之变者，未可与及天下之大理者也。

至诚尽性者化之，法令至行，禁罚威严，则简慢之人整齐。阜隘狭而幽险兮，石嵾嵯以翳日。于居，左，无自广以狭人；于生，右，无厌胜众兵。厌焉有千岁之固。礼者，谨于吉凶不相厌者也。我学不厌而教不倦也。诸狱疑，若虽文致于法而于人心不厌者，辄献之。列星皆失色，厌厌如灭。

今闻学从。知人者智，自知者明。自非圣人，外宁必有内忧。知不足，然后能自反也。常患见疑，无以自白，是自见之故也。所爱其母者，非爱其形也，爱使其形者也。形而上，自使命也。贵在食母，而非自贵留狱。不可得焉，强梁者将以为教父。愚而好自用，贱而好自专，是谓也。

彼者甚、奢、泰，此者人、土、财。彼一时，此一时也，时不一也。取天下，常以无事。天下者，现世之天人合一也，可与而不可示。

任为第七十三

勇于敢则杀，勇于不敢则活，此两者，或利或害。天之所恶，孰知其故？是以圣人犹难之。天之道，不争而善胜，不言而善应，不召而自来，繟然而善谋。天网恢恢，疏而不失。

正义 夫战，勇气也。怯夫操利剑，击则不能断，刺则不能入，及至勇武攘卷一捣，则折胁伤干。有义之谓勇敢。勇敢，强有力者，天下无事则用之于礼义，天下有事则用之于战胜。

声闻于天，敢辱高位，以速官谤？善者果而已，不敢以取强。慈故能勇，舍慈且勇，死矣。不敢为天下先，舍后且先，死矣。杀敌为果，致果为毅，内养。知人则哲，能官人。

君岂有斗升之水而活我哉。北流活活，水流致活。见利思义，君子不以其所以养人者害人。君子求利也略，其远害也早。夫为天下者，亦奚以异乎牧马者哉，亦去其害马者而已矣。羞恶之心，义也。商罪贯盈，天命诛之，毁恶之者，天行义乎。凶年恶岁，则行币物，流有余而调不足也。土薄水浅，其恶易觏。当有大水以流其恶。

凡虑事欲孰。孰，混揉之肉丸。膏。其悉之究之，孰之复之。君使其臣，得志则慎虑而从之，否，则熟虑而从之。上多故则下多诈。国有大政，必议之于前训，谘之于故老，是以虑无失策，举无过事。

苟与人之异，恶往而不黜乎？犹且黜乎？宁于故国尔。计犹豫，未有所决。决嫌疑，定犹与也。临难毋苟免，君子以俭德辟难。尽人事以俭德，听天命而犹与。推此志也，虽与日月争光可也。塞争引之原，损宽明之德，否，故后己善胜，乐推而不厌。

天何言哉，四时行焉，百物生焉。道身正，令而从。望时而待之，孰与应时而使之。其用心不劳，其应物无方。有不善者，应时改定。故得道者志弱而事强，心虚而应当。当其无者也。阴阳合。同声相应。

祸福无门，唯人所召。因缘召募，召集乃见。与语说成，不足以来士矣。来在士归心也。无怠无荒，四夷来王，盍归乎来也。单厥心，丝结之。缂者，劳心声闻之谓也。始也我以女为圣人邪，今然君子也。天油然作云，沛然下雨，则苗浡然兴之矣。弗询之谋勿庸。询于刍荛。询事考言，乃言厎可绩。朕志先定，询谋检同，鬼神其依，龟筮协从，来即我谋盈客待进也。

往者周网解结，群鹿争逸。网罗天下，放失旧闻。有识则有不备矣，有事则有不恢矣。彼节者（网也）有间，而刀刃者无厚，以无厚入有间，恢恢乎其于游刃必有余地矣。茂育群生，恢复疆宇，可谓不失也已。

旧闻者，先王之道也。疏通知远，书教也。

制惑第七十四

民不畏死，奈何以死惧之？若使民常畏死，而为奇者，吾得执而杀之，孰敢？常有司杀者，夫代司杀者，是谓代大匠斫，夫代大匠斫者，希有不伤其手矣。

正义 民生在勤，勤则不匮。勤恤民隐，而除其害也。利民萌，除害马。困而学，民不弃礼而征于书。疆场之邑，一彼一此，何常之有。柔亦不茹，刚亦不吐。不侮矜寡，不畏强御念久隐畏约无穷时，畏在念约久。

形若槁骸，心若死灰。臣诚愚，触忌讳，死罪死罪。言不诚则死，在心。唯无形着无可奈也。穷来过我，奈何不礼。生，事之以礼。死，葬之以礼。临事而惧，好谋而成者也。惧在生事。君如有忧中国之心则若时可矣。若者，先而；使者，用节。明法审数，立常备能，则治。

德无常师，主善为师。然常故不可循，器械不可因也。为川者决之使导，为民者宣之使言，为民使言。滕公奇其言，奇在言。以奇用兵，去其淫怠与其奇邪之民。浮食奇民，欲擅管山海之货。吾，初，主攻。心之官则思，思则得之，不思则不得也。

左手执籥，右手秉翟。诚之者，择善而固执之者也。执邦之九贡、九赋、九式之贰，以均财节邦用。执一无失，行微无怠。执心坚守，是其节也。大丧，执法以莅劝防。杀敌为果，致果为毅，养内。杀气浸盛，阳气日衰。凡民自得罪。寇攘奸宄，杀越人于货。敃不畏死，罔弗憝。杀，散解也。

大天而思之，孰与物畜而制之，从天而颂之，孰与制天命而用之。凡虑事欲孰。谁敢不让，敢不敬应，敢辱高位，以速官谤。霍光即席常任之重，乘大胜之威。天生民而立之君，使司牧之。

天子诸侯无事，则岁三田，无事不田，曰不敬，田不以礼，曰暴天物。然不杀胎。天工人其代之。四时代叙，而人则其功，星列于天，而人象其行。不正本而反自修，则人主逾劳，人臣逾逸，是犹代庖宰剥牲而为大匠斫也。

死不得取代庸。身自逝。若春秋有代谢，若日月有昼夜，终而复始，明而复晦。听之不闻，名曰希。人伤尧以不慈之名，伤在名。所作必成。手迹整理，是谓执勤也。足之蹈之，手之舞之。舞文巧，请下户之猾，以动大豪。伤手者，其名异也。吏士舞文弄法，刻章伪书。

贪损第七十五

民之饥，以其上食税之多，是以饥。民之难治，以其上之有为，是以难治。民之轻死，以其求生之厚，是以轻死。夫唯无以生为者，是贤于贵生。

正义 庖有肥肉，厩有肥马，民有饥色，野有饿莩，此率兽而食人也。法先王，统礼义，一制度，以浅持博，以古持今，以一持万。

治天下者，审所上而已。君子不欲多上人，君子谋道不谋食。禄厚而税多，食口众者，败农者也。食，谓农殖嘉谷，可食之物。尔无不信，朕不食言。是食言多矣，能无肥乎？

县官当食租衣税而已。税衣就功。税谓公田什一，及工商虞衡之入也。什一者，天下之中正也，多乎什一，大桀小桀。

多见其不知量也。其所是焉诚美，所更或不可行，而复复之。是以群下更相是非，吏民无所信，众叛亲离，难以济矣。治强生于法，弱乱生于阿。

生而不有，为而不恃。舜何人也，予何人也，有为者亦若是，自养其身以有为者，恃其阿而乱道，后留狱焉。

权然后知轻重，轻绝贫贱而重绝富贵，则好贤不坚，而恶恶不著也。民为贵，社稷次之，君为轻。贵在言不可得，轻在诺而诚信。百姓不安其居，则轻民处而重民散。重人也者，无令而擅为，亏法以利私，耗国以便家，力能得其君，此所为重人也。重，主道也。轻而无礼，必败。

礼与食孰重？曰：礼重。死，葬之以礼。身死不葬谓之轻死，无所存焉。

嗟嗟保介，维莫之春，亦又何求？莫春者，春服既成，厚生焉。坤惟厚载，阴正乎内，饮食之厚，生生不息。易能而效。君子生非异也，善假于物也。恐生异。人之生忧，其无死地。不得其死，遂者何？生事也，效天之生殖长育不遂也。

与立功名，则莫若尚贤使能矣。生荣死哀。皮之不存，毛将安傅？背施无亲，幸灾不仁，贪爱不详，怒邻不义，四德皆失，何以守国？源自饥乞。

戒强第七十六

人之生也柔弱，其死也坚强。万物草木之生也柔脆，其死也枯槁。故坚强者死之徒，柔弱者生之徒。是以兵强则不胜，木强则共。强大处下，柔弱处上。

正 义 夫春秋，上明三王之道，下辨人事之纪。先王肇修人纪。亲亲、尊尊、长长、男女之有别，人道之大者也。

爱之欲其生。夫物之感人无穷，而人之好恶无节，则是物至而人化物也。人化物也者，灭天理而穷人欲者也。伐叛，刑也。柔服，德也。柔远能迩。缓心而无成，柔茹而寡断。母老子弱，是无若我何。物壮则老。足不良，弱行。人欲柔化而弱于行，易失。化有时，欲速则不达，必有忍，其乃有济。恶之欲其死，既欲其生又欲其死，是惑也。

诚不以富亦祗以异。臣诚愚，触忌讳，死罪死罪。去礼义，触刑法。手之所触，但以坚贞之操，违俗失众，横为谗佞所构毁。坚者，磨而不磷。不恃仰人而食，亦无益人之国也。强本而节用，则天不能贫。今人之性，固无礼义，故强学而求有之也。坚冰不化，强梁者不得其死。此二者，可以为教父。

大哉乾元，万物资始。或起徒步而仕执珪，解草衣以升卿相。在野则曰草茅之臣。鸟兽鸣以号群分，草苴比而不芳。草创黄冠。夫马之为草驹之时，跳跃扬蹄，翘尾而走，人不能制。天造草昧。

为巨室，则必使工师求大木。木实繁者披其枝，披其枝者伤其心。与木石居者，固穷安陋，木食山栖，不与世同荣，不与人争利，风俗脆薄。

夫户牖者，风气之所从往来。感会风云，奋其智勇，移风易俗，先王著其教焉。

夫守节死难者，人臣之职也。彰善瘅恶，树之风声。今夫徒树者，失其阴阳之性，则莫不枯槁。颜色憔悴，形容枯槁。人言其心，草木言其形也。

圣人法天顺情，万物失之者死，法之者生。死之徒，终；生之徒，始。暴虎冯河，徒搏徒涉，死而无悔者，吾不与也。简贤附势，实繁有徒。城非不高也，池非不深也，兵革非不坚利也，米粟非不多也，委而去之，是地利不如人和也。鸡鸣而起，孳孳为善者，舜之徒也。善人为邦百年，亦可以胜残去杀矣。兵强人不和，道合乃服。言不胜其任也。

兵强者，人强学而求有之也。木强者，刚毅木讷，近仁。异无敢应者。愿车马，衣轻裘，与朋友共，敝之而无憾。譬如北辰，居其所，而众星共之。或曰万夫怖。不仁者，不可以久处约。人之贤不肖，譬如鼠矣，在所自处耳。

强为之名曰大。强大者，示以木形。下德不失德，是以无德。柔弱者示以人水。上善若水，水善利万物而不争。上德不德，是以有德。

若升高，必自下。故相形不如论心。君子除戎器，戒不虞。终而始。

天道第七十七

天之道，其犹张弓乎？高者抑之，下者举之，有余者损之，不足者与之。天之道损有余而补不足。人之道则不然，损不足以奉有余。孰能有余以奉天下？唯有道者。是以圣人为而不恃，功成而不处，其不欲见贤。

正义 尽其心者，知其性也。知其性，则知天矣。列星随旋，日月递照，四时代御，阴阳大化，风雨博施，万物各得其和以生，各得其养以成，不见其事而见其功，夫是之谓神。皆知其所以成，莫知其无形，夫是之谓天。

道可以为天下母。礼虚道。君子道其常，而小人道其怪。道千乘之国，敬事而信，节用而爱人，使民以时。其犹然如将可及者，君子也。

虚张异类，托有于无。有者礼，无者道。张弓挟矢，其慌惚以与神明交。孝子之祭义也，效法。张羽旗，设供具。凡祭祀，共射牲之弓矢。春秋违違而日高兮，志高而扬。高门大屋，尊宠之，就其高义。亦可卑之，毋甚高论。

令今可施行也，捧心抑腹盖莫如此。虚以下人，取其义也。王举则从，举直错诸枉，则民服。下得阴，上得阳，然后咸生。众人皆有余，而我独若遗。有余者言道也。凡有道者，有德者，使教焉。

君子进则能益上之誉而损下之忧。益者三友，损者三友。友直、友谅、友多闻，向下取，益矣。友便辟、友善柔、友便佞，向上举，损矣。与者，犹之过也，事后返。稼欲生于尘而殖于坚者，慎其种，勿使数，犹。亦无使疏，与。与于其施土，无使不足，亦无使有余。

死无损于数，损在数。日月逝矣，岁不我与，与在时。所为者均也。均者，其生也必坚。天之道，损数而补时。救主之失，补主之过也。过方补，与。祀五帝，奉牛牲。奉先思孝，接下思恭，损时奉数，奉承天命。

惟天惠民，惟辟奉天。万物同宇而异体，无宜而有用为人，数也。君子得其时，则驾；不得其时，则蓬累而行。足数得时，可奉天下。

孰和者也，能。为而不恃者，养也。功成而不处者，自知自爱也。见贤者僭先，后人见贤思齐，吾将留狱乎？仁者，积恩之见证也。少而习焉，其心安焉，不见异物而迁焉。

任信第七十八

天下柔弱莫过于水，而攻坚强者莫知能胜，其无以易之。弱之胜强，柔之胜刚，天下莫不知，莫能行，以圣人云："受国之垢，是谓社稷主；受国之不祥，是为天下王。"正言若反。

正义 人性婉而从物，不竞不争，柔心而弱骨，不骄不忌。一朝处以柔毛绨幕，荐以粱肉兰橘，心瘤体烦，内热生病矣。然则柔风甘雨乃至，百姓乃寿，百虫乃蕃，此谓星德。

大岁在丙曰柔兆。伐叛，刑也。柔服，德也。缓心而无成，柔茹而寡断，怯慑而弱守，蚤见而心柔懦，知有谓可，断而弗敢行者，可亡也。

内事用柔日。从容阴礼，婉娩柔则，十有二教。以阴礼教亲，则民不怨。烦为教而过不识。朕既不敏，常畏过行，以羞先帝之遗德。有君而为之贰，使师保之，勿使过度。左右者也。

俞，咨禹，汝平水土，惟时懋哉。在时。夫水行莫如用舟，而陆行莫如用车。水至清则无鱼——举大德，赦小过，无求备于一人之义也。宥其罪戾，赦其过失，如水益深，如火益热，亦运而已矣。民非水火不生活。

有圣人作，钻燧取火，以化腥臊，而民说之。天倾西北，故日月星辰移焉。地不满东南，故水潦尘埃归焉。

饭稻羹鱼，或火耕而水耨，人其避之，是谓能用。凡用兵者，攻坚则轫，乘瑕则神。水渐轫以凝冱。大泽焚而不能热，河汉冱而不能寒。深山穷谷，固阴冱寒。

我车既攻。车攻，陆行。乘瑕，水行。宽则两军相攻，迫则杖戟相橦。强致谓迫。今人之性，固无礼义，故强学而求有之也，攻强如是。

莫我知也夫，鸟兽毳毛，其性能寒。巧者劳而知者忧，无能者无所求，饱食而遨游。行不得也，天不再与，时不久留，能不两工，事在当之，当其无也。

能近取譬，柔远能迩，谷不可胜食也。必知其食饮饥寒，身之腑胜而哀怜之。言不胜其任之象。

君子当博闻强识而让，敦善行而不怠，强本而节用，则天不能贫。彼以其富，我以吾仁，彼以其爵，我以吾义。吾，初，攻。

其在高宗，时旧劳于外。易之兴也，其于中古乎？一之谓甚，其可再乎？必报德，有死无二。易则用车，险则用骑。君子居易以俟命。怠惰慢易，贵货易土，其戎狄也欤？

母老子弱，是无若我何？先若夫。强不犯弱。兼弱攻昧，取乱侮亡者也。足之不良，虽弱于行，然其言可胜强食之徒。

刚柔相推，而生变化。柔心委己，刚愎不仁。血气刚强，则柔之以调和。

天下知者明于日月。莫难珠，其色黄，今梦黄能入于寝门。莫之时有大猷，然言之无文，行之不远。物之老矣，不能用也。

君子以虚受人。天子将出征，类乎上帝，宜乎社，造乎祢，祃于所征之地。受命于祖，受成于学。出征执有罪，反，释奠于学，以讯馘告。维彼不顺，征以中垢。先神命之，国民信之。人皆取先，己独取后，曰受天下之垢。人皆取实，己独取虚，无藏也。颁其货于受藏之府，颁其贿于受用之府。不吹毛而求小疵，不洗垢而察难知。社祭土而主阴气。

夫事左，中国之人，观危国过君而弋其能者，岂不几于危社主哉。是何祥也，吉凶焉在？祥瑞未著，咎征乃臻。祥车旷左，虚之，以期祥应。

背弃盟誓，上山则见虎，下泽则见蛇。引而申之，触类而长之，天下之能事毕矣。

天佑下民，保家之主也。主倡而臣随，主先而臣从。言行。君子之枢机，枢机之发，荣辱之主也。天其运乎，地其处乎，日月其争于所乎。孰主张是，孰维纲是，孰居无事，推而行是。藏用而已。凡人主必信，信而又信，谁人不亲？

任契第七十九

和大怨，必有余怨，安可以为善。是以圣人执左契，而不责于人。有德司契，无德司彻。天道无亲，常与善人。

正义 不怨天，不尤人，下学而上达。儒有内称不避亲，外举不避怨。毋为怨府，毋为祸梯。尤而效之，罪又甚焉，且出怨言，不食其食。人施我怨，人之情恶。异于己者，此师徒相与造怨尤也。君子内省，劳而不怨。其难其慎，唯和唯一。

大其信焉而轻货财。富有天下而无怨财，布施天下而不贫病。行中规绳而言足信也。必有余地。积善之家，必有余庆。其遗言余行，余光照衣。怨恶未见，而明弃之，未尽厚也。君子深造之以道，欲其自得之也。自得之，则居之安。

上以厚下安宅。虽则劬劳，其究安宅，劳而不怨若此。安土敦乎仁，故能爱。善败由己，而由人乎哉？

女子善怀，亦各有行。左手执籥，右手秉翟。诚之者，择善而固执之者也。契臂歃血，相与为信也。所谓大圣者，知通乎大道，应变而不穷，辨乎万物之情性者也。黄屋左纛，执而不干。君子宜之。躬自厚而薄责于人，则远怨矣。不教而责成功，虐也。

吾有德于人也，不可不忘也。司契事也。施实德于民者，是以有德。克黜乃心，从事于道。无已则有一焉，而宗庙终不失守，是谓无德。

愚而不移其本，乃可以长保民矣，其何事不彻？心彻为知，知彻为德。有德合，无德分，言其时也。

臣闻五帝神圣，其臣莫能及，故自亲事，处于法宫之中，明堂之上，天道不自亲事之谓也。

王建太常。常人安于故俗，明法审数，立常备能，则治。约结已定，虽睹利败，不欺其与。非天下之至精，其孰能与于此？虽无德与女，式歌且舞。王如善之，则何为不行？具大牢以为善。虔敬，学之。

独立第八十

小国寡民，使有什伯，人之器而不用。使民重死，而不远徙。虽有舟舆，无所乘之；虽有甲兵，无所陈之。使民复结绳而用之。甘其食，美其服，安其居，乐其俗。邻国相望，鸡犬之声相闻，民至老死不相往来。

正义 管仲之器小哉。其为人也小有才。众小在位，而从邪议。故曰：小道有可观焉，致远恐泥。君子不器，作而成之，后有述焉。器者拘泥于故事。

古以三德教国子。一曰至德，以为道本；二曰敏德，以为行本；三曰孝德，以知逆恶。

知伯以国士遇臣，臣故国士报之。遇下报下，遇中报中，遇上报上，位其所位焉，正也。

独学而无友，则孤陋而寡闻。寡廉鲜耻，而俗不长厚也。困而不学，民斯为下矣。驭夫尝驭贰车，从车、使车，右。夫吏者，民之师也。车驾衣服宜称。是时屈原既疏，不复在位，使于齐（斋也）。疏而不位，使。

令海内之势，如身之使臂，臂之使指，莫不制从。趋下。以什共车，必克。十家为什，五家为伍，什、伍皆有长焉。分天下以为左右，曰二伯。伯者，司也。伯某甫、仲、叔、季，唯其所当。

形而下者谓之器，以制器者尚其象。喑聋、跛躃、断者、侏儒、百工，各以其器食之，师者不为此道。阜其财求，而利其器用。

夫贤者，国家之器用也。夫《春秋》，上阴三王之道，下辨人事之纪。人事之不齐，故尔辨之。观乎天文，以察时变，观乎人文，以化成天下。神迹诡怪，则理绝人区。感应明显，则事出天外。化也。用之则行，舍之则藏。吾闻用夏变夷者，未闻变于夷者也。不将器用心耳。惟其用命而已。用器当戮。

重，主道也，君子不重则不威。臣仪刑，不重辞。故有重人也者，无令而擅为，亏法以利私，耗国以便家，力能得其君，此所为重人也。

死，礼也。重色而衣之，重味而食之。国家有难而不忧，非忠臣也。夫守节死难者，人臣之职也。子之哭也，一似重有忧者。礼与食孰重？曰：礼重。此固于辞之谓也，学而无所用。吾固不辞远道而来。愿见。

寡过而远刑，知耻以近礼。以安宾客，以说远人。故君子远色以为民纪，顾乃德，远乃猷。将凭远猷，以康王化。乃说。

闻义不能徙，不善不能改，是吾忧也。舟，尊彝之属。舆，下位助行之人也。泽不被障，川无舟梁，是废先王之教也。舟在，先王之教存焉。若济巨川，用汝作舟楫。故有言曰：夫无欲者，其视为天子也与为舆隶同（人有十等，王臣公、公臣大夫、大夫臣士、士臣皂、皂臣舆、舆臣隶、隶臣僚、僚臣仆、仆臣台）。乘其财用之出入也。尊而不敢渫渎言之，故托之于乘舆。

王于兴师，修我甲兵，与子偕行。著于甲令而称忠也。法。鲁之群室，众于齐之兵车。贰车之一，右主，诈伪。仁车者，右也。道车者，左也。

年先矣，而无经纬本末，以期年耆者，是非先也。人而无以先人，无人道也。人而无人道，是之谓陈人。其言虽先，然无所述也。夫六经，先王之陈迹也。是谓

是时屈原既疏，不复在位，使于齐。维子之故，使我不能餐兮。民以食为天，有食复命，得位而辟。

作结绳而为罔罟，以佃以渔。结者，剪茅结宇，耽玩载籍，有终焉之志；绳者，末世绳绳乎唯恐失仁义，绳愆

纠谬者也。

民之质矣，日用饮食。得继于祖。甘酒嗜音，斫轮徐则甘而不固。尔无不信，朕不食言。以祈甘雨，以介我稷黍。熟和人心。良玉不雕，美言不文。服勤至死，盛弗失之。

今国已定，而社稷已安矣。君子深造之以道，欲其自得之也，自得之，则居之安。君子所居而安者，易之序也，所乐而玩者，爻之辞也。

入国而问俗，入不言兮出不辞，季年好音，不喜辞辩。辞也者，兼异实之名以论一意也。民之乱，罔不中听狱之两辞。

凡民禀五常之性，而有刚柔缓急音声不同，系水土之风气，故谓之风。好恶取舍，动静无常，随君上之情欲，故谓之俗。博采风俗，协比音律。

邻于善，民之望也。五家为邻、五邻为里。亲仁善邻，国之宝也。重礼所以为国本也。先神命之，国民信之。圣人使人各处其位，守其职，而不得相干也。诸侯相厉以礼，则外不相侵，内不相陵。为义者则不然。始而相与，久而相信，卒而相亲。改也。故主失势而臣得国，主更称蕃臣，而相室剖符，此人臣之所以谲主便私也。陵。

瞻前而顾后兮，相观民之计极。跂予望之（跂者不立），望于山川，望其气、色。折若木以拂日兮，聊逍遥以相羊。眼如望羊，择善之谓也。

鸡者，夜呼旦以叫百官。规矩；狗者，夜盗于他人之内而自充。人也，忧忘其身，内忘其亲，上忘其君，则是人也，而曾狗彘之不若也。

声依永，律和声。为令闻嘉誉以声之。声闻邻国，同声相应，同气相求，然声服无通于百县，则民行作不顾，休居不听。其心不在焉，视而不见，听而不闻。声闻过情，君子耻之。心不同焉，令闻广誉施于身，所以不愿人之文绣也。

舍己为人，声色之于以化民，末也。此圣人知命之术也，非天下之至材，其孰与焉。唯天下之至诚，为能尽其性。

无以蓄之，则往而不可止也。往者不可谏，来者犹可追。其送往而迎来，来者勿禁，往者勿止。彰往而察来。

天子之老，请帅王赋。诗人之赋也。送往事居。往来者，事也。不相往来者，不因事废礼之谓也。声闻相善，恪守一贯。

言教与学，或曰或曰。

显质第八十一

信言不美，美言不信。善者不辩，辩者不善。知者不博，博者不知。圣人不积。既以为人，己愈有；既以与人，己愈多。天之道，利而不害。圣人之道，为而不争。

正义 美则忧于辩，辩则忧于博，博则积功，积功则争，争则失于道。失道，而无为害生焉。

知在深，不在博。为人與人，不僭于道，方能去博达知，有多。

博于大始，精于玄深。

跋

经、书有序。先经后书，经、传高而书低，称九经、十三经者，有阿谀之意。欲言书者，必先知经。

附：中华上古文化史简略

稷——农耕社会初始，多元文化发展。始立规矩。

冥——宇内六日，信仰整合，父权初兴。

契——医学始兴，解剖人体。

鲧——父权一统，倡多生。

喾——尚父权，始倡优生，知告宗庙。

鲧、喾东西相争，并称炎帝。

鲧亡喾立，成于黄帝——文化雏形，文化体制奠基者。父系、母系社会并存，父系为主。方法论总结完成。

以上火德正朔。

颛顼——健康生殖倡导者。因女性掌握生殖医学的发展，结合青铜器的正确使用，族群迅速扩大，社会形态向母系社会偏转。意识到精液与生殖有联系。始尚水德正朔。

尧——制定天文历法，文化体系完备，进一步巩固母系社会地位。

禹——认识人体经络，能辨精虫（卵子发现较晚，到君奭时才证实）。

尧、禹同治，南北分，称舜，是谓重光。

禹胜尧而成汤——内医学发展，经络学确立，掌握原始人工授精技术。母系社会大一统。

水德正朔延续至秦，汉后土德。

以上名称，并非人名，仅代表信仰性质的各个历史时期；中华上古文化史，乃是我辈先祖与自然相适应及健康生殖文化的集成。

另：黄河乃是父河，洛河才是母亲河；连山、归藏并未亡，与周易类，惟其建时有异。连山建戌、归藏建亥、周易建子；老者，久矣。聃者，闻耻作之多矣。戒众之名成。